JN135429

AIに負けない子どもを育てる

21st Century Children

新井紀子

東洋経済新報社

はじめに

前著『ＡＩ vs. 教科書が読めない子どもたち』を出版してから1年半。多くの方から「腑に落ちた」という感想をいただきました。まずは、文筆業をされている方たち。「物を書いて世に問うのだから批判されるのは覚悟している。けれども、近年あまりに理不尽かつ不可解な非難が多くて議論にならない。よほど悪意があるのかと思っていたが、この本を読んで、『もしかするとそういう人たちは文章を読めていないのかもしれない』と思い始めた」と言うのです。

次は学校の先生たちです。小学校では、「算数の文章題を解けない生徒の多くが、『(問題で) 何を聞かれているかわかる?』と聞いても答えられない。図にすれば解けるのだろうけど、図にすることができない。だからドリルは満点でも、文章題の答案は真っ白のままという生徒は少なくない。それを読解力と結びつけて考えたことがなかったが、この本を読んで『確かに読解力が足りないんだろう』と思った」と言います。

私たちが考案した基礎的・汎用的読解力を測るリーディングスキルテスト（RST）には、「同義文判定」という問題群があります。200字に満たない2つの文の意味が同じか、異なるか、二択で選択します。この能力は記述式問題の答え合わせをする上で欠かせない能力です。たとえば、こんな問題です。

・幕府は、1639年、ポルトガル人を追放し、大名には沿岸の警備を命じた。
・1639年、ポルトガル人は追放され、幕府は大名から沿岸の警備を命じられた。

以上の2文は同じ意味でしょうか。

もちろん、答えは「異なる」です。けれども、中学生の正答率は57%に留まりました。この話を、とある自治体の教育委員会でお話ししたとき、多くの委員が「信じられない」という顔をしました。何かの間違いではないか、成績に関係ないテストだからやる気が出なかったのではないか、コンピュータで受検するという形式に慣れていなかっただけではないか、との質問が出ました。ところが、私のすぐ後に登壇した現役の高校の国語の先生がこう言ったのです。新井さんの言うことは真実です。実際に定期試験で、先程の例題の2つ目のような解答を持ってきて、「先生、どうしてこれは×なのですか？」と聞きにくる生徒が少なからずいます、と。「意味が違うでしょう」と言うと、「でも、（キーワードとなる語は）全部合ってます。部分点は出ないんですか？」と食い下がるそうです。

加えて企業の中間管理職の方たち。「上からは生産性を上げろと言われるが、現場はメールや仕様書の誤読による予期しないトラブル続きで働き方改革どころじゃない。すると能力の高い人材から転職してしまう。一度そのサイクルに陥ると、なかなか立ち直れない」と言います。

こうした危機感が共有されたのでしょう。前著からわずか1年間で小学6年生から一流企業のホワイトカラーまで14万人がＲＳＴを受検しました。それまでの3年間と合わせると、受検者数はのべ18万人を突破しました。ただ、ＲＳＴは（問題の流出や替え玉受検を防ぐために）基本的には機関がパソコン教室などの施設を準備し、機関ごとに受検する方式をとっています。例題を数問公開していますが、全体像がなかなかわからない、というご意見が少なからずありました。

そこで、本書では、ＲＳＴの最新の研究成果をお伝えするとともに、ＲＳＴを体験していただくコーナーも設けました。ぜひ、挑戦してみてください。「事実について淡々と書かれた短文」を正確に読むことは、実はそう簡単なことではなく、それが読めるかどうかで人生が大きく左右されることを実感することでしょう。基礎的・汎用的読解力を身につけて中学校、そして高校を卒業させることこそが、21世紀の公教育が果たすべき役割の「一丁目一番地」だと共感してくださる方が一人でも増えることを切に願っています。

目次

はじめに 001

第1章 AIの限界と「教科書が読めない子どもたち」……011

「東ロボ」は何を目指したのか 012
日本人のAIリテラシーを向上させた「東ロボ」 018
「東ロボ」からリーディングスキルテスト（RST）へ 022
教科書が読めない子どもと大人 027

第2章 「読める」とはなんだろう……031

正しく「読む」ために必要なこと 032

ＡＩ読みでは、ＡＩ人材にはなれない 040
国語は何のためにあるの？ 045

第3章 リーディングスキルテスト、体験！ 047

第4章 リーディングスキルテストの構成 081
〈係り受け解析〉文の基本構造を把握する力 083
〈照応解決〉代名詞などが指す内容を認識する力 085
〈同義文判定〉２つの文の意味が同一かどうかを判定する力 087
〈推論〉基本的知識と常識から、論理的に判断する力 089
〈イメージ同定〉文と非言語情報（図表など）を正しく対応づける力 092
〈具体例同定〉定義を読んでそれと合致する具体例を認識する力 094

第5章 タイプ別分析……097
理数系が苦手？〈前高後低型〉 098
自力でもっと伸ばせる〈全分野そこそこ型〉 100
中学生平均レベル〈全低型〉 101
知識で解いてしまう〈前低後高型〉：はずれ値① 104
読解力ばっちり〈すべて10点満点型〉：はずれ値② 105
診断に納得できない方へ 107
第6章 リーディングスキルテストでわかること……113
リーディングスキルテストは「視力検査」に似ている 114
「きちんと読む」は結構疲れる 119
RSTは読解力のみを測っている 124
RSTの妥当性と信頼性 129

RSTの「予知能力」 136
RSTから始まる「教育のための科学」 142
入試は「暗記」か？ 147
日本だからこそ生まれたRST 150
RSTという枠組みの「威力」 156

第7章 リーディングスキルは上げられるのか？ ……163

リーディングスキルテスト使用上の注意――「練習しないでください」 164
違います！ それ、完全に間違ってます!! 166
それでも、「うちはする」 169
日本はアクティブラーニング先進国 174
「みんなちがって、みんないい」は罪作り 177
2Bの世界 182
立山町の衝撃 186
6年生までに穴埋めワークシートを卒業する 191

第8章 読解力を培う授業を提案する……201
「正しく伝えよう」――紙上授業1 203
「正しく伝えよう」――授業解説 215
「言葉のとおりに図形を並べよう」――紙上授業2 224
偽定理を探せ――紙上授業3 240
遊びながら文章の構造を理解する――休み時間 256
「国語」とは何か 260
「論理国語」と「文学国語」 266

第9章 意味がわかって読む子どもに育てるために……275
幼児の権利 276
「意味がわかって読める」ために 280
ＩＴはどこで使うの？ 295

公立学校の復権が地方創生のカギ 299

第10章 大人の読解力は上がらないのか？……305

菅原氏の体験談：大人が読解力を身につけるために 308

おわりに 321

第1章

AIの限界と「教科書が読めない子どもたち」

「東ロボ」は何を目指したのか

私は2011年から「ロボットは東大に入れるか」（通称：東ロボ）という人工知能のプロジェクトを率いてきました。様々なAI技術、特に確率と統計を駆使する機械学習を用いてAIが日本の大学入試に挑戦したら、受験生と伍して戦うことができるのか、特に、最高峰である東大入試を突破し得るのかを10年かけて明らかにしようというプロジェクトです。その過程で、現状そして近未来のAIにはどのような可能性と限界があるかを社会に広く公開し、AI時代に正しく備えてもらうことがプロジェクトの目標です。

2011年1月といえば、まだ大メディアのどこも、たぶん日本の人工知能学者でさえ、すぐにAIブームが到来するとは思っていなかった頃です。ですが、ゼロ年代の機械学習の精度向上、加えてデジタル情報の爆発的な増加から、三度目のAIブームにもうすぐ火がつくだろうという予感がありました。そして、今回のAIブームは研究者からでも国家プロジェクトでもなく、最もデジタル情報を蓄積しているGAFA（Google, Amazon, Facebook, Apple）と呼ばれる巨大多国籍IT企業が牽引するだろうと思いました。そのとき、彼らは自分に都合のよい情報を切り取って情報発信するに違いありません。嘘をつくわけではありません。しかし、部分的に切り取られた「○○ができた」という情報に日本人は飛びつき詳細を吟味することなく、本来ＡＩが不得意な分野にまで投資を行ってしまうだろうとの嫌な予感がありました。

ＡＩを端《はな》から信じなければ、このテクノロジーを前提にして再編される２０３０年代を生き残ることができません。けれども、ＡＩ万能という情報を鵜呑みにすれば、５０００円の羽根布団を50万円で買うような羽目に陥ります。ＡＩを過小評価しないとともに、過大評価もしない。特に「モノづくり」で生きる日本国民には、ＧＡＦＡの宣伝に踊らされることなく、正しいＡＩリテラシーを身につけてほしかったのです。

そのためにはどんなベンチマークを使えばよいか。ベンチマークとは、ＡＩの性能を測るためのテスト問題集のことです。ＧＡＦＡやその周辺が提供しているベンチマークは「公平」かどうかわからない。彼らの目標に都合がいいように構築されている可能性も否定できません。彼らの土俵に上がって戦っては、結局彼らにからめ捕られてしまうだけです。

何かないか。日本だけが持っている（アメリカ人には考えつかないような）「馬鹿正直」なベンチマークはないのか？　そして、現状のＡＩでもそれなりに解けるが、決して九割の正答率に達しないものはないのか？

それでふと思いついたのです。

日本の大学入試をベンチマークにしてはどうか、と。アメリカ留学をした経験が役に立ちました。アメリカには学習指導要領はない。検定教科書もない。センター入試に相当するSATやACTと呼ばれる大学進学適性試験は、過去の問題を繰り返し出題します。日本の入試はある意味で「異様」なのです。しかも、正確性について国民の目が厳しい。ひとたび出題ミスが明らかになったら、責任者全員が記者会見して謝罪です。そのプレッシャーは、出題者を萎縮させ、多様な出題を阻むはずです。つまり非常に小さな枠の中で、確実に正しいことが担保されている知識問題だけを出題せざるを得ない。たとえば、世界史や日本史ならば、山川出版社が出している『詳説日本史』と『詳説世界史』という2冊の教科書、加えて、同社が出している問題集を完璧に覚えたら、それなりの点数を取れるに違いありません。

私はこの意図をごく少数の人々にしか打ち明けませんでした。ですから、多くの人から「なぜSATにしないのか。そうでなければ国際会議に論文を通せないぞ」とか「なぜ中学入試から段階を経て大学入試に向かわないのか」とか「大学入試で仮に東大を突破しても、真のAIを完成できたとは言えない。なぜそのような非本質的なプロジェクトをするのか」とか「東大に合格するAIができたとして、日本経済になんら貢献できない」などの忠告を度々受けました。私はそれらを悉く無視しました。

2013年から、東ロボで開発しているAI群（通称：東ロボくん）はセンター入試模試と東大模試を受験し始めました。2013年にはいくつかの大学に、2014年には箱根駅伝にエントリーしているような大学に合格可能性80％以上の判定を得ました。数学の成績が飛躍的に伸びたことで、2015年には大幅に偏差値が向上、2016年にはついにMARCH（明治大学、青山学院大学、立教大学、中央大学、法政大学）・関関同立（関西大学、関西学院大学、同志社大学、立命館大学）クラスの複数の有名私立大学に「合格可能性80％以上」という成績を残すことができました。同時に受験した東大模試では、理系数学の6問中4問を完答。この年は、理論上機械でも解くことができる「実閉体」に落とし込めるような問題群（図形と方程式、初等的な微積分や三角関数など）からの出題がたまたま多かったのです。その幸運にも助けられ、（瞬間風速ではありますが）偏差値76・2という東大理Ⅲに合格してもおかしくない成績を叩き出しました。一方、文系の知性を問うといわれる、世界史の600字の大論述もそれなりの答案を書き、偏差値51・8を達成しました。つまり、数学と世界史に限定すれば、どちらも平均的な東大志願者を超えてしまったということです。

けれども、東大に合格できる見込みは立ちませんでした。当然、AIの新しい手法が登場するごとに、少しずつ精度が上がることは期待できます。実際、英語チームは、グーグルが2018年に発表した最先端の言語処理技術であるBERTなどを導入したことにより、論旨要約などいくつかの問題群で成績を伸ばしました。ですが、東大合格の一つの目安となるセンター入試英語正答率90%には遠く及びませんでした。それ以上に課題になったのが、様々な「図」の存在でした。センター入試には、英語でよく登場する「人間たちの活動を表すイラスト」や航空券や入場料などただし書きのついた表の類《たぐい》、物理や化学の「物理的状況を表すイラスト」、地図、岩石や微生物を顕微鏡で観察した様子など多様な図が登場します。地図や顕微鏡写真の判別なんて、いまどきの画像認識でどうにでもなるだろう、と思う方はAIのことを何もわかっていません。顕微鏡写真と、それを部分的に強調したり消去したりした上で白黒のイラストにしたものは、(人間にとっては同じものでも)AIにとっては完全に別物なのです。地図もそうです。地図のある部分に点が打ってあり、「それは何か」と聞かれたとします。文脈によっては、それは「中国西安市」でも「長安」でもなく、後のシルクロードの終着点である国際都市長安の始まりとなった、隋時代に築かれた「大興城」でなければならなかったりするのです。いつの日か、時代別地図とその地名や旧跡などのビッグデータとモノ・コトのアノテーションが整備されたとしたら、地図問題が解決できる可能性は十分にあると思います。また、様々な顕微鏡写真をどのように人間がイラスト化するかという教師データ(機械に学習させるための例題と答えの組のデータ）が膨大に集まったなら、それも解決できる可能性を私は否定しません。

一方で、「人間たちの活動を表すイラスト」や「物理的状況を表すイラスト」に関しては、なぜ人間が初見でその意図を理解できるのか、どんな教師データを集めればＡＩで解決できるのか、どちらもヒントのかけらさえ見えません。なにしろ、物理状況を表すイラストでは、「目に見えないものと目に見えるもの」を時に実線と点線で書き分け、過去と現在と未来の状況を一つの図に混ぜ込みます。しかも高校の理科の事情に合わせて「ありえないような嘘」をつくのです。地球上ではすべての物体に重力がかかり、物体の間には摩擦が生じます。けれども、問題によってはそれを当然のように無視するのです。この嘘に対応するために、広く使われているシミュレーションソフトの精度をわざわざ下げなければならない、という笑えない事態にも直面しました。日本の高校の指導要領に合わせた独特のイラストを教師データとして膨大に集めても、他に何の使いみちもないことは、どなたにもおわかりでしょう。しかし、そのようなデータを集めることができなければ、いつまでたってもディープラーニングでその問題を解決することはできません。確率と統計で物事を解決する、というのは、そういうことなのです。

一部の読者は「やればできることをやらなかっただけ。それはＡＩの限界ではなく、東ロボのやる気が足りなかっただけ」と批判することでしょう。でも、どうでしょう。世の中は、そんな「細かいこと」で溢れています。現状、あるいは近未来のＡＩは、ＡＩに都合のよいデータが膨大に集まったときにのみ、その能力を発揮し、それ以外の「細かいこと」ではあまり役に立たないということを示唆しています。

日本人のＡＩリテラシーを向上させた「東ロボ」

ところで、奇しくも東ロボの最終年度である２０２１年1月、現在のセンター入試の後継である「大学入学共通テスト（新テスト）」が始まります。つまり東ロボくんは10年間の挑戦の最終年度に「ちゃぶ台返し」されるのです。英語は、英語4技能「読む・書く・聞く・話す」のうち、「読む・聞く」ことに特化され、それぞれ１００点ずつの配点になります。「発音やアクセント、語句整序は単独では出題されない」との報道もあり、東ロボくんが最も得意にしていたものがすべて外されることになりそうです。もちろん、その代わりに、ウィキペディアのような一節が提示され、「モーツァルトの最後の交響曲には、ある惑星の名がニックネームとしてついている。それは何か」というようなＱ＆Ａ型の問題や、グーグル翻訳にかければ答えが出るような問題が出てくれれば、東ロボくんの点数は飛躍的に上がるかもしれません。ただし、現在の指導要領の目標を考えると、知識だけを問う問題で埋め尽くされるとは想像し難い。数学はもっと悲惨です。プレテストを見たところ、会話文がやたらと出てくるのです。どのように問題を解くべきかについて、太郎と花子が意見を交わしています。その上で、花子の意見に従って解くとどうなるか、などと言われても、現状のＡＩにはまったくお手上げです。きっと東大模試は偏差値60を超えるのに、新テストの数学は会話文に阻まれて、問題を解くスタート地点にたどり着くことなく玉砕することでしょう。ちょうど２０１６年の東ロボくんが、英語のリスニングテストで、リスニング自体は90％以上の精度で聞き取りながらも、常識に基づく状況判断、イラスト理解ができずに平均点を大きく下回ってしまったのと同じように。

これまでの努力はすべて水の泡。新テストが始まれば、そこからスタートして最低でも10年分以上のデータを収集、作戦を練った上で、アノテーション（機械で処理ができるような構造化）をすることになるでしょう。その努力を払っても、今回ほどうまくいく可能性は極めて低いだろうと思います。

その意味で、私たちは、非常にラッキーなタイミングで東ロボというプロジェクトを進めたと言えるでしょう。第３次ＡＩブーム直前に、現センター入試のデータが最大量蓄積されているタイミングでプロジェクトをスタートし、ＡＩバブル真っ最中に有名私立大学合格可能性80％以上という成績を残してＡＩの可能性を明確にしました。その上で、エラーを徹底分析して、国語や英語で半分以上の配点を占める長文読解に対して歯が立たないこと、イラスト理解の目途が立たないこと、常識を身につけさせられないことなどから、東大突破は無理であろうことを示しました。(1) そして、新テストにちゃぶ台返しされる前にプロジェクトを終了することができるのです。これほど幸せなプロジェクトはなかったと思います。

東ロボを通じて、多くの人々のＡＩリテラシーが向上したと実感します。２０１１年のプロジェクトスタート当初は、「夢のあるプロジェクトですね」「ドラえもんのようなものができたら便利ですね」としばしば言われました。「東ロボくんの写真を撮らせてください」という依頼も多かったです。ＡＩがソフトウェアであり、１次関数や２次関数と同じように関数に過ぎないことを理解できなかったのでしょう。けれども、２０１３年に相当数の大学に合格したと報じられると風向きが変わり、「ＡＩに職を奪われるのではないか」という質問に変わっていきました。ちょうど第2回将棋電王戦でプロ棋士チームが敗北を喫した年です。振り子が逆に振れすぎたのでしょう。シンギュラリティブームも起きました。全知全能のＡＩが登場し、人間は労働から解放されるといった言説すら登場しました。講演をする際、高校生から「人間に政治をさせるより、ＡＩにさせたほうがよいのではないか」とか「なぜ先生は僕たちを苦しめるような研究をしているのですか」という質問が出るようになったのはこの頃です。
２０１６年に有名私立大学には合格し得るが、近未来ＡＩでは東大合格は見込めないとの発表をし、前作『ＡＩ vs. 教科書が読めない子どもたち』で確率と統計に基づくＡＩの弱点について詳しく解説をすると、シンギュラリティブームは落ち着いていきました。シンギュラリタリアンを名乗っていたＩＴベンチャーの有名社長が詐欺罪で逮捕されるという事件も起こりました。

今は、ＡＩにこだわらずに、オープンデータ、キャッシュレス、ブロックチェーンなど様々なＩＴ先端技術全般を「デジタライゼーション」という言葉で捉え、産業革命時代の蒸気機関や20世紀初頭のフォードシステムになぞらえて「デジタライゼーションを前提とした産業構造の再編が起こる」というのが、多くのビジネスマンの常識になりつつあることを感じます。

私たちは、２０１８年、センター入試の過去の問題（アノテーション付き）を広く公開しました。東ロボのメンバーでなくても、誰もが自由にベンチマークに取り組むことができるようになったのです。不思議なことに、「ＢＥＲＴがあれば２０１６年の東ロボの成績

（１）『人工知能プロジェクト「ロボットは東大に入れるか」：第三次ＡＩブームの到達点と限界』、新井紀子・東中竜一郎編、東京大学出版会、２０１８年。

など簡単に塗り替えられる」と豪語した人々が誰もチャレンジしてきません。個人的には、もう少し工夫をすれば日本史は世界史レベルまで向上できるのではないか、そうすれば偏差値を60台に乗せることができるのではないか、と淡い期待をもっているのですが……。せっかく煩雑な著作権処理をして公開したデータですので、是非とも名を上げたい研究者やプログラマーにはチャレンジをしてほしいと思います。

しかし、これで、私が「東ロボ」というプロジェクトですべきだと思っていたことはすべてやり切ったか、というとそうではなかったのです。

「東ロボ」からリーディングスキルテスト（RST）へ

プロジェクト当初からわかっていましたが、大学入試問題は、現在のＡＩ技術、特に自然言語処理技術の限界をクリアに示すためのベンチマークとしては大きな課題がありました。

過去問が圧倒的に少なすぎるのです。

確率と統計を駆使する、現在のＡＩ技術のベンチマークにするには、「同じ形式の問題」がまずは数千必要でしょう。でないと、そもそも深層学習は威力を発揮しにくいからです。加えて、これも当初からわかっていたことですが、センター入試の問題は自然言語処理の課題として解くには複雑すぎて、「なぜ解けたのか、なぜ解けなかったのか」を（数学以外の科目では）的確に解釈できません。もっと単純で、一貫性が担保されており、より広範囲に難易度も分布している問題群を作らないと、AI技術の真の限界をあぶり出せないというのが私の実感でした。一方で、自然言語処理のトップ国際会議で使われている、QA4MRE、SQuAD、GLUEなどに代表される「読解力タスク」のベンチマークの質に、元々私は疑問を持っていました。たとえば、こんな問題が出題されているのです。

SQuADの問題例（下線は筆者による）

提示文：The United Methodist Church（UMC）practices infant and adult baptism. Baptized Members are those who have been baptized as an infant or child, but who have not subsequently professed their own faith.

問題文：What are members who have been baptized as an infant or child but who have not subsequently professed their own faith?

正解：Baptized Members

冒頭から提示文を読もうとしないでください。そうではなく提示文と問題文の下線を引いてあるところが一致していることに注目しましょう。すると、英語を読めなくとも意味がわからなくとも、パターンマッチだけで正解にたどり着けることがわかります。

ＢＥＲＴのＳＱｕＡＤにおける正答率は80％を大きく超えています。それはそれで素晴らしい。ですが、それによってＡＩが読解力を身につけたと結論づけるのは早計です。読解力を測ると銘打っているベンチマークの質の悪さが、ＡＩに有利に働いているだけかもしれません。実際、それを裏付けるような結果が最近次々と発表されているのです[2]。

知性を問うような、読解力を問うような公平なベンチマークを構築するのは容易ではありません。極めて有能な作問者を雇用しても、その作問者のほんのちょっとした癖をＡＩが覚えて精度が上がることもあります。すると、別の作問者が問題を作ると（人間の目から見るとむしろ簡単な問題になっているにもかかわらず）途端に精度が下がることもあります。

最近は、ベンチマーク構築のコストを削減するために、クラウドソーシングでウィキペディアから作問をさせたり、果ては機械に自動的に作問させたベンチマークまで登場しました。**クラウドソーシング**とは、不特定多数の人々（群衆＝クラウド）に、細分化された面倒な作業を少額で業務委託する仕組みです。量は作れても質の担保は極めて難しくなります。

一貫性が保たれていて、公平で、高品質で、読解力を多面的に診断することができる大量の問題から成るベンチマークを構築・維持するにはどうしたらよいか。私は考え抜きました。そして、人間の読解力を診断し得るような高品質なベンチマークを作り、人間がそれを有償で受検する傍らで、AIにもそれを解かせてみるという研究をするのが最善だ、ということに気づいたのです。そうして生まれたのが、「答えが書いてあるのに解くのが難しい不思議なテスト」であるリーディングスキルテスト（RST）です。

RSTでは、「事実について書かれた短文を正確に読むスキル」を6分野に分類して、テストを設計しています。

①係り受け解析……文の基本構造（主語・述語・目的語など）を把握する力

②照応解決……指示代名詞が指すものや、省略された主語や目的語を把握する力

（2）Evaluation Metrics for Machine Reading Comprehension: Prerequisite Skills and Readability, Saku Sugawara, Yusuke Kido, Hikaru Yokono, Akiko Aizawa, In the 55th Annual Meeting of the Association for Computational Linguistics（ACL 2017）, Aug 2017, pp.806–817.
Prerequisite Skills for Reading Comprehension: Multi-perspective Analysis of MCTest Datasets and Systems, Saku Sugawara, Hikaru Yokono, Akiko Aizawa, In the 31st AAAI Conference on Artificial Intelligence（AAAI-17）, Feb 2017, pp.3089–3096.

③同義文判定……2文の意味が同一であるかどうかを正しく判定する力

④推論……小学6年生までに学校で習う基本的知識と日常生活から得られる常識を動員して文の意味を理解する力

⑤イメージ同定……文章を図やグラフと比べて、内容が一致しているかどうかを認識する能力

⑥具体例同定……言葉の定義を読んでそれと合致する具体例を認識する能力

RSTの試行版を作った2015年の段階では、①係り受け解析、②照応解決、③同義文判定、④推論、しかありませんでした。それらは、まさに自然言語処理の読解力ベンチマーキングにもあります。まずは、それらを参考にして作成していきました。

研究員がアルバイトを指揮して作った最初の数十問を見たときに、「これではダメだ」と思いました。自然言語処理出身の研究員は、どういうわけかAIに有利なように問題を作成してしまう傾向があります。もっとAIに意地悪に、もっとAIがつまずくように、と私は仕様を変更し続けました。意味を理解せずにパターンマッチや知識で解こうとしたら、AIではなかなか正答率60％を超えないようにと心がけたのです。特に、③同義文判定、④推論は、膨大な知識は蓄積しているのにリアルな生活や社会での常識に欠けると極

めて不利になるように作問しました。さらに念を入れて、近未来ＡＩには到底解けそうにない問題群として、⑤イメージ同定、⑥具体例同定、という新しいタイプを追加しました。

教科書が読めない子どもと大人

ところがそこに思わぬ誤算がありました。なんと、ＡＩにとって難しいことは、多くの中高校生にとって、それどころか大人にも難しかったのです。

私は、小学校から高校まで公立の学校に通いました。小中のクラスメートの中には、読むのが苦手で成績が振るわない人がそれなりの数いました。けれども、ＲＳＴで提示するのは、長文ではなくツイッター程度の短文です。主たる出典は教科書や新聞です。それで「同じ」「異なる」の二択の同義文判定の問題の正答率が3分の2（66％）に届かないような中高校生がかなりの割合でいたのです。

私は疑り深い性格です。数千程度のデータで「短文すら読めない中高校生がいる」などとは思いません。やる気がないから適当に答えた生徒が相当数いたのだろう、と当然疑いました。

ＲＳＴは他のテストとは異なり、パソコンやタブレットを使って解きます。問題は離れたところにあるサーバからインターネットを経由して出題されます。ですから、受検者の解答パターンや解答するまでにかかった時間などをモニターすることができるのです。確かに「数秒以内に解答し、しかも全部①番の選択肢を選び、正答率はランダム並み」という生徒もいました。ですが、その割合は予想をはるかに下回りました。散々考えた末に間違えるという生徒のほうが圧倒的多数だったのです。しかも、地域が誇る伝統校——かつては旧帝大に卒業生を送り、その地域の名士や国会議員を輩出したような高校——でも、予想外に成績が悪い。

「意味を理解して読むことができない」という現象が想定外に広がっているのではないか、という疑念が確信に変わったのは、バイトに来ている東大生に頼んで、正答率が低かったRSTの問題を、東大のゼミ仲間に解いてもらった結果を聞いたときです。前著『AI vs. 教科書が読めない子どもたち』に出てくる、悪名高き「アミラーゼ問題」に日本人大学院生は全員不正解。唯一正解したのが中国からの留学生だったというのです。(3)

ところが、日本にも世界にもこのような現象を認識し、分析している研究が存在しない。(4)教科書をどう教えるかについては微に入り細を穿って研究している教育系の学会でも、「教科書を生徒は読めるのか」という問題意識を持っていなかったことには驚かされました。「真剣に読もうと思えば、読めるはず」「読めなかったのはうっかりしただけ」と思い込んで、見過ごしてきたのでしょう。

ＡＩの弱点を突くつもり、人間のＡＩに対する優位性を明らかにするつもりだったＲＳＴが、逆に、人間の読めなさ加減を白日の下に晒すことになったのは皮肉なことです。ただ、「意味を理解しながら読めているかどうか」を測る一つの指標となるテストを発明できたわけです。

中高校生に「あなたは教科書が読めていますか？」と尋ねると、８割以上の生徒が「はい」と答えます。嘘をついているのではないでしょう。読めていない生徒は、「読める」体験をしたことがないのですから、「文字が読める＝読める」だと思っても仕方ありません。小学６年生から中学１年生の段階でなるべく多くの生徒にＲＳＴを受検してもらい、本人や周囲の大人がその読みの偏りや苦手分野について共通認識を持ち、中学校を卒業するまでに中学の全教科の教科書を読んでわかるようになってほしい。その一心で、ＲＳＴを提供する「教育のための科学研究所」という一般社団法人を立ち上げました。すでに小

（3）前著『AI vs. 教科書が読めない子どもたち』で紹介された問題。52ページのQ.3と同じ提示文で、「セルロースは（　　）と形が違う。」の（　　）に入る最も適切なものを、①デンプン ②アミラーゼ ③グルコース ④酵素 から選ぶ。
（4）RSTの問題に部分的に似た問題を、読み障害（ディスレクシア）の診断の一部に使うという研究はあります。

学6年生から一流企業の社会人まで、のべ11万人を超える人々が有償版のＲＳＴを受検しました。

ところで、もう少しＲＳＴの問題がたまってきたら、私たちが何をするか、もうおわかりでしょう。もちろん、ＢＥＲＴなど、「人間の読解力を超えた」と喧伝されている最先端のＡＩにＲＳＴの問題を解かせてみるのです。そうすれば、その時々の最先端ＡＩの弱点が何で、どこに限界があるのかを、常に把握し続けることができるでしょう。加えて、「読解力に課題がある人」がＡＩに似ているのかどうかもはっきりするに違いありません。私はＡＩへの関心を失ったわけではないのです。ＲＳＴを武器に次のステージに進んだだけです。

ただ、ＲＳＴはテスト問題としてまさに使われているものですから、よそのベンチマークのように広く公開することはないでしょう。トップ国際会議に論文を通す必要がなければ、これほど周到に作られた質の高い国産ベンチマークをみすみす公開する必然性など、どこにもありません。

第2章

「読める」とはなんだろう

正しく「読む」ために必要なこと

「読む」という動詞は、「言う」や「行く」に比べれば使う頻度が低いかもしれません。ですが、「話す」や「歩く」と同じように、誰もがふつうに使う代表的な動詞でしょう。では、改めて「読めるって、どういうこと？」と尋ねられたら、あなたはなんと答えますか。

まず思いつくのは、ひらがな・カタカナ・基本的な漢字を、「文字として読める」ことでしょう。いわゆる「識字」です。江戸が当時世界最大級の商業都市で、「読み書きそろばん」が就職や出世に有利だったことや寺子屋の普及などにより、日本は200年前から際立って識字率が高い国です。けれども、字が読めるだけでは、文章を「読める」わけではありません。

識字に加えて何があれば「読める」のでしょうか。次に思いつくのは語彙でしょう。漢字検定や語彙検定の受検を親や学校が盛んに後押ししてきたのも、「漢字が読めて、語彙が豊富になれば、『自然に』読めるようになる」という信念によるものだと思います。

語彙ってなんだろう、語彙ってどうやって身につければよいのだろう――そのことを、次のような文で考えてみましょう。

江戸が当時世界最大級の商業都市で、「読み書きそろばん」が就職や出世に有利だったことや寺子屋の普及などにより、日本は200年前から際立って識字率が高い国です。

すっと、まさに自然に読める人と、「漢字多めで嫌だな」という印象を持つ人に分かれるでしょう。見た瞬間に「無理!!」と諦める層が（リーディングスキルテスト（RST）の結果から考えると）、国民の25％くらいいてもおかしくありません。

改めて読んでみましょう。

江戸、当時、最大級、都市、出世、有利、寺子屋、普及、際立つ、識字率

といった語が並んでいます。これらを知らないと、この文を「読んでわかる」ことは難しい。「辞書で調べればいいじゃないか」と思うかもしれません。では、試しに『広辞苑』で「寺子屋」を引いてみましょう。

寺子屋　①江戸時代から明治初年の学制公布までに設けられた、庶民の子弟のための教育機関。いわゆる読み・書き・そろばんを中心に世俗的な教育を施し、庶民・武士・僧侶・医師・神官などが経営に当たった。（以下略）

おおっと！「学制公布」とか「庶民」とか「世俗的」など、「寺子屋」よりも難しい言葉が出てきてしまいました。慌てて、それらの言葉を調べると、さらに難しい言葉が出てきます。辞書を引くことで、「文を理解する」ことが助けられるどころか、かえって大変になる、という笑えない現実があるわけです（小中学生向けの辞書でも、あまり状況は変わりません）。

実は、辞書というものは、辞書に載っている語彙の大半を日常的に使うことができる人が、たまに出合う未知の語の意味を調べたり、正確な定義を改めて知りたいときに使う道具に過ぎないのです。文中の5割の言葉を知らない、という状態の人にとって、辞書はほとんど助けにはなりません。

では、私たちはどこで語彙を獲得しているかというと、基本的には、身近な環境から、です。生まれ落ちたときから、親や身近な年長者（保育園の年長の子や親族、近所の人たち）の会話、加えて、テレビなどから音として言葉が入ってくるのです。

そのことを象徴する語として私が注目しているのが「印籠」です。江戸時代に広まった薬などを入れて腰に下げる携帯用の容器ですが、30代で「印籠って何?」という人は少数派でしょう。40代以上はほとんどが知っている言葉に違いありません。でも、不思議ではありませんか。印籠を使っている人なんて、戦後はほとんどいません。日本史でも教えません。日常会話でも、まず出てこないでしょう。にもかかわらず30代以上の世代の圧倒的多数がその言葉を知っているのは、もちろんTBSの長寿番組であった「水戸黄門」の影響です。ウィキペディアによれば全1227回の平均視聴率22・2%、最高視聴率は1979年2月5日に記録した43・7%。80年代までに幼年期を過ごした層である30代は、自分の好き嫌いは別として「水戸黄門」を見たことがあるに違いありません。けれども、家族1人1台テレビ時代、ゲームとインターネットの中で育った90年代以降の世代は、「水戸黄門」を知らないまま育つことが多いので、「印籠」の認知率は急激に下がっています。同様に、やかん、急須、ツバメ、わら、などの語を聞いたことがない、という子どもは急増しています。

「印籠を知らなくて何か困ることがあるの?」と思うかもしれません。もちろん「印籠」という言葉自体は知らなくてもたいして困りません。ここで強調したかったことは、語彙の種類や量は環境要因で大きく左右される、という事実です。実際、アメリカではこの手の調査はよく行われていて、3歳に達するまでに、高学歴家庭と貧困家庭で育った子どもが日常的に聞く語数の差はのべ3000万語に達するとの調査結果もあります[1]。語彙の格差は学校教育ではなかなか埋まりません。小学校低学年では、学校よりも家庭で過ごす時間のほうが長いので、どうしても家庭の語彙量の差をそのまま反映してしまうからでしょう。

さて、字が読め、十分な語彙量があれば、不自由なく文章を読むことができるでしょうか。

いいえ。それでもまだ十分ではありません。そのことを科学的な形で示したのが、RSTだと私は考えています。もちろん、これまでの国語教育で重視されてきた文脈や行間や、その文章が書かれた背景を知ることも、文章をより深く理解する上では必要でしょう。ですが行間をくみ取る前に、「行中」を読めるようになるためには必ずできなければならないことがある。それが、文の作り（構文）を正しく把握したり、「と」「に」「のとき」「ならば」「だけ」など、**機能語**と呼ばれている語を正しく使えるようになることなのです。

「たくさん本を読ませれば、文の読み方など、自然に身につくのでは？」と思うかもしれません。もちろん、本をまるで読まないよりは読んだほうがいいに決まっています。では、読書とRSTの能力値には、どのような関係があるのでしょう。統計では、2つのことがらの関係を分析するには、まず**相関**を見ます。相関の度合いを、マイナス1から1の値をとる**相関係数**で表します。

目安として、マイナス0・2から0・2くらいまでの値では「相関が見られない」といいます。右上がりとも左上がりともいえない、もわっと丸く分布しているような図になります。0・2から0・4を「弱い正の相関」（マイナス0・2からマイナス0・4を「弱い負の相関」）、0・4から0・7を「中程度の正の相関」（マイナス0・4からマイナス0・7を「中程度の負の相関」）、0・7から1を「強い正の相関」（マイナス0・7からマイナス1を「強い負の相関」）といいます。

中程度以上になると、分布ははっきりとした右肩上がり（負ならば右肩下がり）の楕円形になります。相関が強くなればなるほど楕円形は細くなり、完全に直線（一次関数のグラフ）になったとき、相関係数は1（またはマイナス1）になります。

2016年から2017年にかけて実施したRSTでは、同時にアンケート調査も行いました。たくさんの質問項目がありましたが、その中に、「読書は好きですか？」という項目があり、「好き、やや好き、どちらでもない、やや苦手、苦手」の5段階で回答して

（1）Meaningful Differences in the Everyday Experience of Young American Children, Betty Hart, Todd R. Risley, Brookes Pub; Al World of Children Learning,1995.

もらいました。主に読む本の分野も尋ねました。その結果、ＲＳＴの能力値と読書の好き嫌いや、主として読む本の分野の間には、相関は見られなかったのです。

この結果に疑問をもつ研究者は多いらしく、広島大学の研究チームもＲＳＴを受検した東広島市の学校で同様のアンケートを実施したそうですが、読書好きか否かとの間に相関は見られなかったようです。

まとめると、こうなります。

日本で育った日本人は、小学1、2年生で（読み障害がなければ）ほぼ全員が簡単な字の読み書きはできるようになります。小学生は発達にかなりの差があります。鏡文字を書いたり、「でんしゃ」「しゅっぱつ」などの読み書きがなかなかできるようにならなくて、親を心配させる子も珍しくありません。でも、だいたい2年生の後半から3年生にかけてそろってきます。むしろ心配すべきなのは、家庭環境や地域によって語彙量に相当の差があることです。加えて、小学3、4年生あたりで、本や教科書の読み方や、板書の読み方に決定的な差が生まれ始めます。それは、機能語の部分を正確に読む子とそうでない子の差です。機能語を正確に読みこなせないと、教科書を読んでもぼんやりとしか意味がわかりません。そうすると、暗記やドリルに頼るようになります。意味を理解しない暗記でも、小テストや中間テストなどはうまく切り抜けることができることがあります。その成功体験とともに彼らは中学に進学します。そういう生徒は、たとえば歴史の教科書を読むときに、キーワードの群——AI用語では「bag of words（言葉がバラバラに放り込まれた袋）」——として捉えようとします。たとえば、「徳川家光、参勤交代、武家諸法度、鎖国」のように。私は、この読み方を「AI読み」と呼んでいます。AIがまさにそのように読む特性があるからです。AI読みでも、定型的なストーリーならば、それなりに追うことができます。だから、RSTの能力値と読書の好き嫌いとはそれほど相関が出ないのかもしれません。

ただし、AI読みでは、新しい知識を得るための文章——その代表例が教科書ですが——を正確に読むことは難しいでしょう。学年が上がり、内容が抽象的になればなるほど難しくなります。そうなると、キーワードの暗記以外の試験対策はできなくなります。蛍光ペンでハイライトしたキーワードだけを一晩でギュッと暗記して、テストでバッと吐き出して、翌日はすっかり忘れる。そういう勉強法を繰り返さざるを得なくなります。それでも、社会や理科の中間テストは結構乗り切れてしまうので、本人もそれほど問題を感じないわけです（一方、AIはいくらでも暗記することができますし、その「記憶」を正確なまま保持することができます）。

AI読みでは、AI人材にはなれない

ただし、それではどうしても乗り切れない科目があります。それが数学です。もし高校の数学の教科書がまだ手元にあるなら、引っ張り出して三角関数とか、図形と方程式、といった単元の冒頭をじっくり黙読してみてください。イメージがはっきりとわけば、読めています。何が書いてあるのかさっぱりわからない、イメージが一切わかないようならば、それは機能語が読めていないという症状だろうと思います。

なぜ、そう思うのか。理由は単純明快です。数学の教科書に出てくる語彙は、他の科目に比べてとても少ない。しかも初出の言葉（偶数、傾き、関数など）には必ず定義が書いてあります。文章の長さは短く、構文は単純。ですから、機能語が正確に読めていないという以外に、数学の教科書を読めない理由が見当たらないのです。

むしろ、AI読みをする人には「手がかりになるキーワードが少なすぎる」から「読めない」のかもしれませんね。次章のRSTで推論・イメージ同定・具体例同定（理数）の成績が振るわない受検者は、その可能性が高いのではないかと思います。次のような単純な文を使って、キーワードに頼らずに読む、とはどういうことか改めて考えてみましょう。

誰もが、誰かをねたんでいる。

難しい単語は一つも出てきませんね。そして、これ以上易しくしようがないほど単純な文です。まさに、誰もが理解できるはずの文、でしょう。

この文を、意味を変えずに、自然な「受け身形」にするとどうなりますか？

少なからぬ読者が次の文を思い浮かべたのではないかと思います。

誰もが、誰かからねたまれている。

本当に2つの文は「同義」でしょうか。

先日、ツイッターでこの質問を投げかけてみたところ、7000人を超える回答者のうち半数近くが、同義だと答えました。「ある人は、誰かからねたまれている」とか「誰かは、誰もからねたまれている」が最初の文と同義だと考えた人も、それぞれ17％、10％いました。

実は、この文章と同義になる（自然な）受動態文は「ない」というのが正解なのです。

A、B、C、D、Eの5人の世界で、図にして考えてみましょう（図2-1）。RSTで

図2-1 「誰もが、誰かをねたんでいる」図

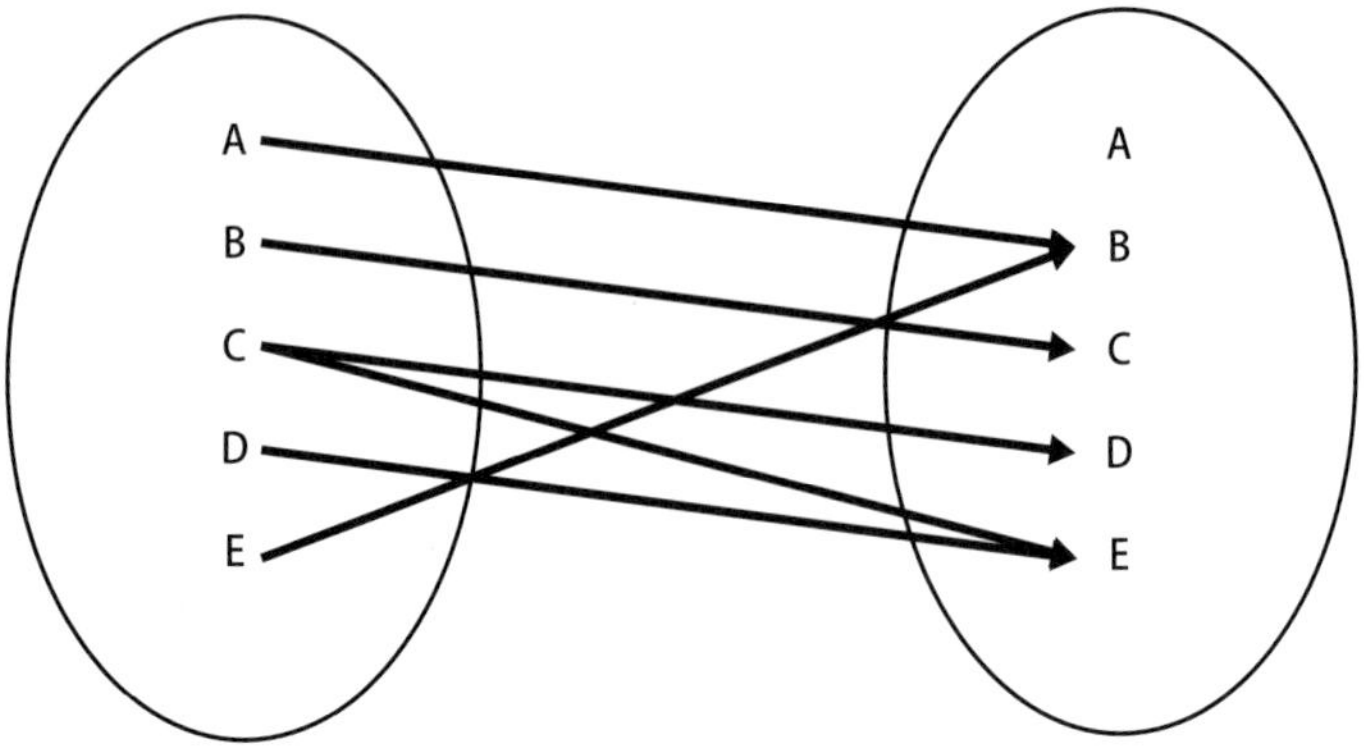

いうところの「イメージ同定」の能力が求められます。「誰が誰をねたんでいるか」は矢印で表します。たとえば、Aさんと E さんは B さんをねたんでいます。C さんは、D さんと E さんの 2 人をねたんでいます。また、B さんは C さんを、D さんは E さんをねたんでいます。これが「誰もが、誰かをねたんでいる」状況の例です。では、この例で、「誰もが、誰かからねたまれている」は正しいですか？　正しくありませんね。A さんは誰からもねたまれていないからです。

これで、「誰もが、誰かをねたんでいる」と「誰もが、誰かからねたまれている」は同義でないことがわかりました。このように具体的な例を挙げて、あることが間違っていることを示す事例を「**反例**」といいます。同様に「誰かは、誰もからねたまれている」も同義ではありません。

一方、この例だと、「ある人は、誰かからねたまれている」は成り立っているように思えますね。そういうときは別の反例を考えましょう。

図2–2 「AさんがBさんをねたんでいる」図

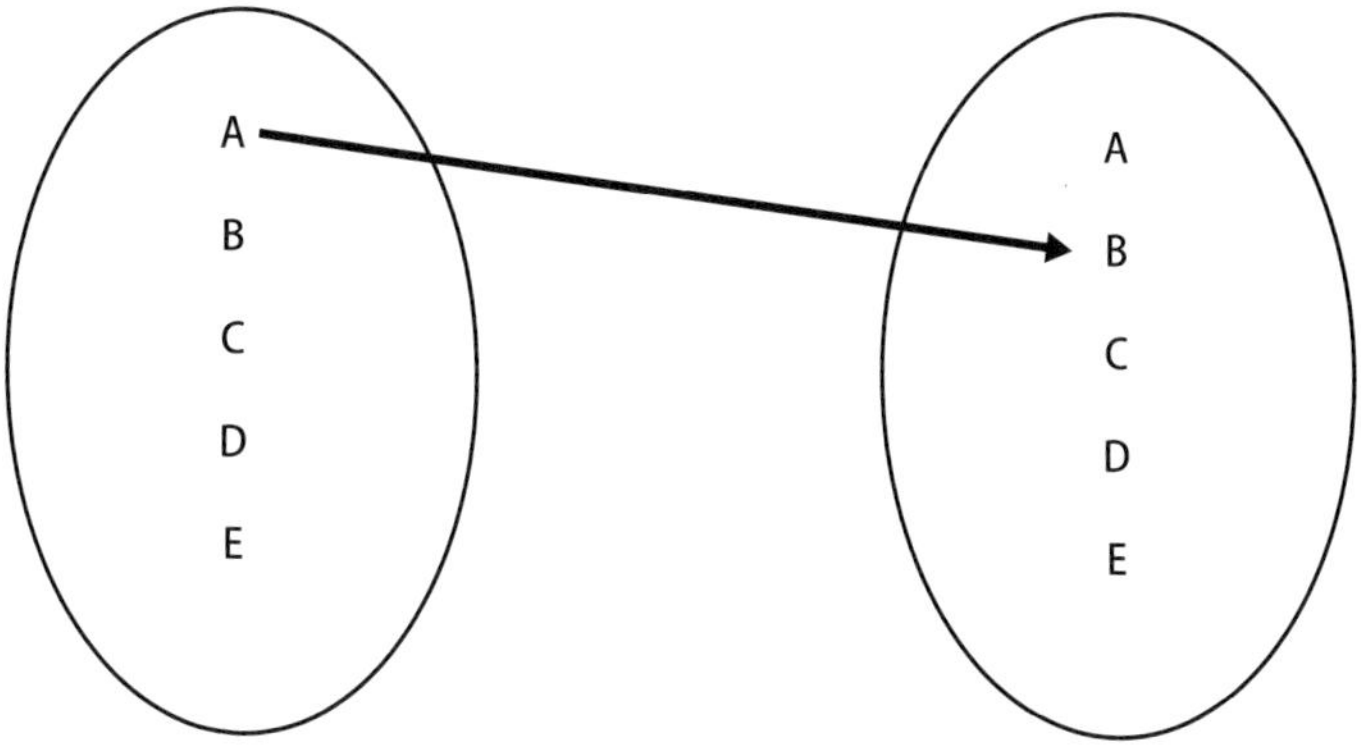

図2–2を見てください。AさんがBさんをねたんでいますが、それ以外の人は誰もねたんでいません。この例では「ある人は、誰かからねたまれている」になっています。「ある人」とは誰ですか？ Bさんですね。ところが、この例は「誰もが、誰かをねたんでいる」状態ではありません。ですから、同義ではありません。

「言われてみればそうだけど……そんなに細かいことまで気にしなくてもいいじゃない！」と言いたくなる気持ちはわかります。ただ、「印籠」を知らなくても生きていけますが、この差がわからないと、少なくとも、まともに稼げるＩＴ人材にはなれないのです。

この2文の差は、19世紀半ばまでの哲学ではうまく説明することができませんでした。19世紀も末に近くなり、数学に集合や写像、さらに論理式という概念が導入されて、初めてこの差を明確に説明できるようになったのです。

「SとTをそれぞれ集合とする。ある規則fによって、Sの各元sに対して、それぞれ一つずつTの部分集合f(s)が定められたとする。そのとき、その規則fをSからTへの対応という」

「ねたんでいる」は、人の集合から人の集合への「対応」として捉えることができます。「誰もが、誰かをねたんでいる」は、定義域(矢印の元になっている部分)が全体の集合と一致しているような対応です。一方で、「誰もが、誰かにねたまれている」は、値域(矢印の先になっている部分)が全体の集合と一致しているような対応なのです。数学ではこういう「微妙な差」を読み分けられるかどうかが、理解の正確さと深さを左右します。AIといえども、しょせんはソフトウェアであり、ソフトウェアというのは、機械翻訳にしても画像認識にしても、どれも「対応」の一種です。対応の定義がわからない人が高度AI人材になろうとしても、初手からつまずいてしまうでしょう。AI読みをやめなければ、いくらAI関連書を買っても、ネットサーフィンして情報を漁っても、高度AI人材にはなれないのです。

暗記量とその正確さで圧倒的に勝るAIに、AI読みをする人間が勝てるわけはありません。でも、AI読みしかできない人が多いから、東ロボくんは2016年に大学受験を目指す高校3年生の上位2割の成績を収め、日本の約7割の大学のどこかの学科に「合格可能性80％以上」と判定されてしまったのでしょう。

２０１８年、政府は毎年25万人をＡＩ人材にするとの目標を立てました。１学年１００万人弱しかいないのですから、実に4分の1をＡＩ人材にしようというのです。ですが、「誰もが、誰かをねたんでいる」と「誰もが、誰かからねたまれている」というごくシンプルな文の差さえ読み分けられない人が多数いる中で、その目標を達成するのは極めて難しいと言わざるを得ません。

国語は何のためにあるの？

「誰もが、誰かをねたんでいる」と「誰もが、誰かからねたまれている」の差を読み解けずにショックを受けた方。ショックを受ける前に、思い出してほしいのです。

これ、学校で教えてもらいましたか？

国語の授業で習いましたか？

私は習いませんでした。国語では、事実について書かれている短文を正確に読むトレーニングなど一度も受けませんでした。特に、中高の国語の題材の中心は、圧倒的に小説と詩歌と古文・漢文でした。それに加えて、小林秀雄など難解な評論の解釈に時間が費やされました。私がこの2文の差を読み分けることができるのは、たぶん大学で徹底的に数学の教育を受けたからです。なぜそう確信しているかというと、大学の数学の時間に、この2文の差に相当する、写像と全射の差を読み分けられなかったせいで、先生に直された鮮明な記憶があるからです。私だけではありません。理工系の学部の初年次教育で必須の、この写像の定義にほとんどの学生がつまずくのです。

ですから、この2文の差を読み分けられないのは、あなたのせいではありません。そういう読解の基礎・基本を学校の国語の時間に教えてこなかったことに問題があるのです。新しい指導要領では、高校で「論理国語」という新しい科目が導入されます。小中学校でも、長く続いた文学偏重から、事実について書かれた文章を正確に読んだり書いたりできることにも重きが置かれるようになり、バランスの取れた国語になっていくことと思います。

第3章

リーディングスキルテスト、体験!

基礎的・汎用的読解力、リーディングスキルテスト（ＲＳＴ）と言われても、実際に解いてみないと、どんなものかわからない、と多くの読者が感じているに違いありません。ＲＳＴは２０１８年から機関単位での受検、２０１９年から特定の会場で個人受検ができるようになりましたが、なかなか受検しに行く機会がないという方も少なくないことでしょう。

そういう方のために、今回、ＲＳＴ紙上体験版をご用意しました。「様々な分野の、事実について書かれている短い文章を正確に読めるかどうか」の能力を6分野7項目の異なる観点から簡易的に診断します。

事実について書かれている文にはどのようなものがあるでしょう。仕事上のメール、新聞やネットメディア、商品説明書やマニュアル、マンションや保険の契約書、確定申告書や離婚届の提出の仕方まで、基本的に文芸を除くほぼすべての文章だと考えていただくとわかりやすいかと思います。もちろん文芸の中にも事実について書かれている文は多く出てきます。ですが、主観的な描写を筆者や背景などを踏まえた上で、登場人物や筆者の観点から理解する、というタイプの読解力はＲＳＴでは扱いません。

ＲＳＴは私たちの研究グループが２０１６年に考案したテストで、小学6年生から大人まで、誰でも受検することができ、受検者の基礎的・汎用的読解能力をかなりの精度で測ることができます。

ＲＳＴは「急いで答える」必要はありません。問題文をよく読めば、そこにまさに答えが書いてあります。いわゆる「ひっかけ問題」はありません。素直に読んで、「これが答えだな」と思ったものを選ぶようにしてください。

本物のＲＳＴは、コンピュータでオンライン受検します。サーバ上には数千問の問題があり、受検者の属性（小・中・高校生、大学生・専門学校生、社会人）と能力に合わせて問題が出題されます。その仕組みは第６章で詳しく紹介します。

これから皆さんに受けていただく紙のバージョンは、あくまでも「体験版」です。(1) 成人の読者が多いことを想定して問題を選んでいます。まず、巻末の解答用紙を本から切り離して、手元に置いてください。家族で受検したい場合は、解答用紙を家族分コピーすることを忘れずに。

ＲＳＴは６分野７項目から構成されています。体験版では、７項目から各４問ずつ出題していきます。解答用紙に、答えを記入していきましょう。

心の準備はできましたか？

では、スタートです。

（1）より正確に能力値を知りたい場合は、「教育のための科学研究所」のサイトを通じて、有償版のリーディングスキルテストに申し込んでください。

係り受け解析　易　普　難　超難

Q.1

以下の文を読みなさい。

水にしずむ鉄でできたボルトとナットも、鉄より密度の大きい水銀にはうかぶ。

この文脈において、以下の文中の空欄にあてはまる最も適当なものを選択肢のうちから1つ選びなさい。

ボルトは（　　）にうかぶ。

①水銀　②鉄　③水　④氷

Q.2

係り受け解析　易　**普**　難　超難

以下の文を読みなさい。

色やにおいで引き付けられた動物は、おしべの花粉を体につけ、別の花のめしべへと運び、植物の受粉を助ける。

この文脈において、以下の文中の空欄にあてはまる最も適当なものを選択肢のうちから1つ選びなさい。

植物の受粉を助けるのは（　　）である。

①花粉　②動物　③おしべ　④めしべ

Q.3

係り受け解析　易　普　難　超難

以下の文を読みなさい。

アミラーゼという酵素はグルコースがつながってできたデンプンを分解するが、同じグルコースからできていても、形が違うセルロースは分解できない。

この文脈において、以下の文中の空欄にあてはまる最も適当なものを選択肢のうちから1つ選びなさい。

グルコースからできているのは、デンプンと（　　）である。

①セルロース　②アミラーゼ　③酵素　④形

係り受け解析　易　普　難　**超難**

Q.4

以下の文を読みなさい。

江戸時代の天皇と朝廷は、幕府に完全に統制され、財政的にも幕府に支えられていた。幕府は朝廷に3万石を与え、そのなかから皇族や公家は家格に応じた禄高を得ていた。

この文脈において、以下の文中の空欄にあてはまる最も適当なものを選択肢のうちから1つ選びなさい。

公家は（　　）から家格に応じた禄高を得ていた。

①天皇　②幕府　③皇族　④朝廷

Q.5

以下の文を読みなさい。

腸内には多くの常在菌が生息している。大腸内の細菌は総重量1・5kgにもなり、排泄される糞便も、その50%は細菌やその死骸である。

この文脈において、「その50%」の「その」は何を指すか。最も適当なものを1つ選びなさい。

① 腸内　② 常在菌　③ 大腸　④ 糞便

照応解決　易　普　難　超難

Q.6

以下の文を読みなさい。

宇宙から飛来するいん石が高速で衝突すると、月面だけでなく、ときには地球上にも、巨大なくぼんだ地形ができる。いん石でなくても、運動している物体がほかの物体に当たって、その物体を変形させたり、運動の状態を変えたりすることは、身のまわりでよく見られることである。

この文脈において、「その物体」とは何を指すか。最も適当なものを1つ選びなさい。

①地球　②いん石　③運動している物体　④ほかの物体

照応解決　易　普　難　超難

Q.7

以下の文を読みなさい。

穀類・いも類・砂糖の主な成分は炭水化物である。穀類・いも類には炭水化物のうちでんぷんが多く、砂糖はそのほとんどがしょ糖である。

この文脈において、「そのほとんど」とは何のほとんどを指すか。最も適当なものを1つ選びなさい。

①穀類・いも類　②炭水化物　③でんぷん　④たんぱく質

照応解決　易　普　難　超難

Q.8

以下の文を読みなさい。

前202年、農民出身の劉邦が中国を統一して漢を建国し、郡県制と封建制をあわせた郡国制を採用した。前2世紀の武帝の時に最盛期をむかえ、朝鮮半島やベトナム中部にまで支配を広げ、また北方の匈奴をやぶった。

この文脈において、以下の文中の空欄にあてはまる最も適当なものを1つ選びなさい。

武帝の時に最盛期をむかえたのは（　）である。

① 劉邦　② 漢　③ 郡国制　④ 農民

同義文判定　易　普　難　超難

Q.9

以下の文を読みなさい。

乗客と一緒に貨物も運ぶ取り組みは「貨客混載」と呼ばれる。道路運送法では「少量貨物」に限り、輸送業の許可なしで貨物の輸送を認めている。

上記の文が表す内容と以下の文が表す内容は同じか。「同じである」「異なる」のうちから答えなさい。

乗客と一緒に貨物も運ぶ取り組みは「貨客混載」と呼ばれる。道路運送法では、貨物の輸送に輸送業の許可が必要になるのは、「少量貨物」以外の場合であると定められている。

①同じである　②異なる

同義文判定　易　普　難　超難

Q.10

以下の文を読みなさい。

かぜを引き起こす原因は、外からやってくるウイルスや細菌である。のどや鼻の奥にとりついて炎症を起こし、熱やせき、鼻水などの症状となって表れる。

上記の文が表す内容と以下の文が表す内容は同じか。「同じである」「異なる」のうちから答えなさい。

かぜを引き起こす原因は、外からやってくるウイルスや細菌である。熱やせき、鼻水などの症状となって表れることで、のどや鼻の奥にとりついて炎症を起こす。

①同じである　②異なる

Q.11

同義文判定　易　普　難　超難

以下の文を読みなさい。

熱硬化性プラスチックはかたく、熱や薬品に強いことから、調理器具などに使用されている。

上記の文が表す内容と以下の文が表す内容は同じか。「同じである」「異なる」のうちから答えなさい。

熱硬化性プラスチックは、調理器具などに使用することから、かたく、熱や薬品に強い。

①同じである　②異なる

Q.12

同義文判定　易　普　難　**超難**

以下の文を読みなさい。

原子に含まれる電子の数と陽子の数は等しいので、原子は全体として電気的に中性である。

上記の文が表す内容と以下の文が表す内容は同じか。「同じである」「異なる」のうちから答えなさい。

原子は全体として電気的に中性なので、原子に含まれる電子の数と陽子の数は等しくなる。

①同じである　②異なる

推論　易　普　難　超難

Q.13

以下の文を読みなさい。

細胞にみられる細胞小器官は、それぞれ独自のはたらきをもっている。これは細胞小器官ごとに特定の酵素が存在していることによる。

上記の文に書かれたことが正しいとき、以下の文に書かれたことは正しいか。「正しい」、「まちがっている」、これだけからは「判断できない」のうちから答えなさい。

違う種類の酵素であっても、はたらき方は同じである。

①正しい　②まちがっている　③判断できない

推論　易　普　難　超難

Q.14

以下の文を読みなさい。

グリーンランドの大部分や南極は氷雪気候で、夏でも平均気温が0℃以下のため、一年じゅう雪や氷で覆われている。

上記の文に書かれたことが正しいとき、以下の文に書かれたことは正しいか。「正しい」、「まちがっている」、これだけからは「判断できない」のうちから答えなさい。

グリーンランドの一部は氷雪気候ではない。

①正しい　②まちがっている　③判断できない

推論　易　普　難　超難

Q.15

以下の文を読みなさい。

世界の難民・国内避難民らの数は、2015年末、前年より約580万人増えて、約6530万人に達した。国連難民高等弁務官事務所が統計を取り始めてから最も多く、第二次世界大戦後、最悪の状況だ。このうち、国境を越えた難民は約2130万人で、パレスチナ難民を除くと、最も多いのはシリアの約490万人になる。

上記の文に書かれたことが正しいとき、以下の文に書かれたことは正しいか。「正しい」、「まちがっている」、これだけからは「判断できない」のうちから答えなさい。

2015年末のデータによれば、国内避難民より、難民のほうが多い。

①正しい　②まちがっている　③判断できない

Q.16

推論　易　普　難　**超難**

以下の文を読みなさい。

日本の面積は、約3800万haです。1990年から2010年の間、毎年世界全体で失われた森林の面積は、日本の面積の約18%にあたります。

上記の文に書かれたことが正しいとき、以下の文に書かれたことは正しいか。「正しい」、「まちがっている」、これだけからは「判断できない」のうちから答えなさい。

1990年から20年間に、日本の面積の3倍以上の森林が世界全体で失われた。

①正しい　②まちがっている　③判断できない

イメージ同定　易　普　難　超難

Q.17

以下の文を読み、世界の人口組成を表す図として適当なものをすべて選びなさい。

世界の人口は、アジアに6割が集中しており、アフリカと南アメリカを加えた3地域では、8割にも及ぶ。

①

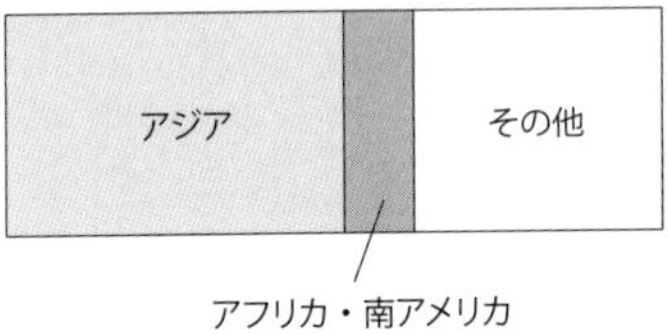

②

③

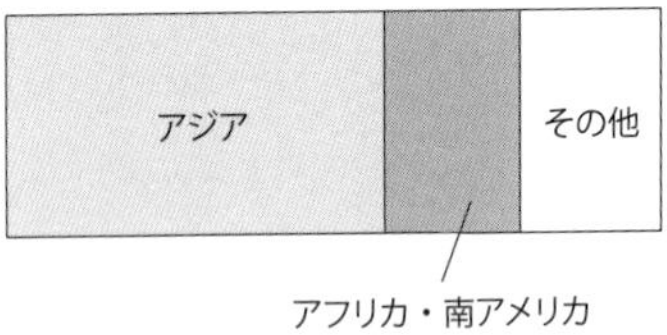

④

Q.18

イメージ同定　易　普　難　超難

以下の文を読み、冬の季節風の流れ方を表す図として適当なものをすべて選びなさい。

冬の北西からふく季節風は、暖流の対馬海流が流れる日本海をわたるときに大量の水蒸気をふくむため、日本海側の地域に雨や雪を降らせる。太平洋側では、山脈をこえた乾いた風がふいて晴れの天気が続く。

①

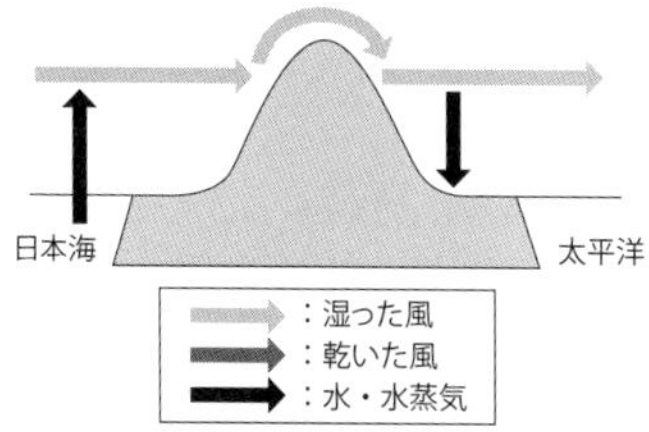

②

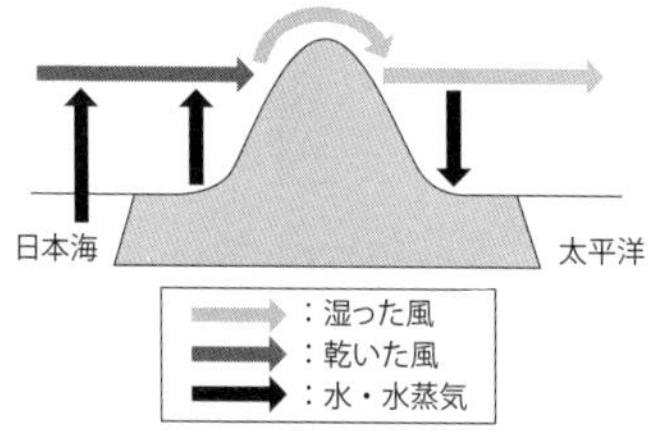

③

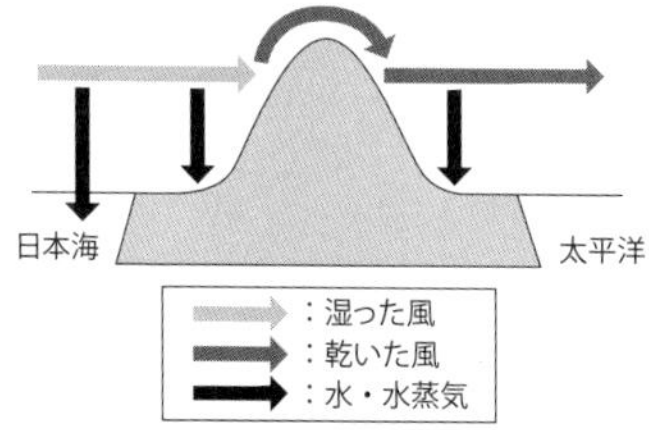

④

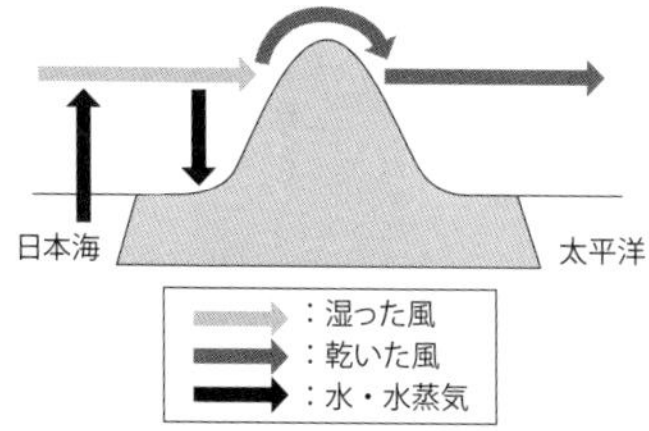

Q.19

イメージ同定　易　普　難　超難

以下の文を読み、島を中心として領空・領土・領海・経済水域などがどのように決まるかを示した図として適当なものをすべて選びなさい。

領域は領土、領海、領空から成り立つ。日本では領海を領土沿岸から12海里以内としており、この領海と領土の上空が領空となる。また、領海の外側には、魚などの水産資源や石油や天然ガスなどの鉱山資源について、沿岸国が管理することができる経済水域がある。日本では、領海の外側で沿岸から200海里以内までを経済水域としている。

①

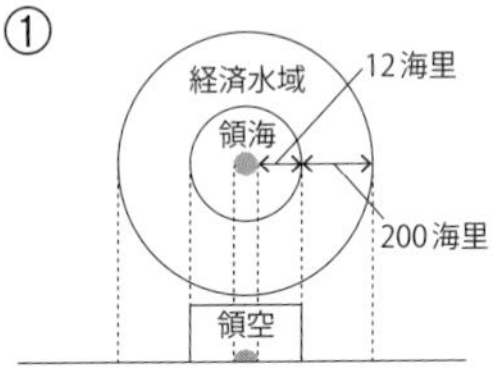

②

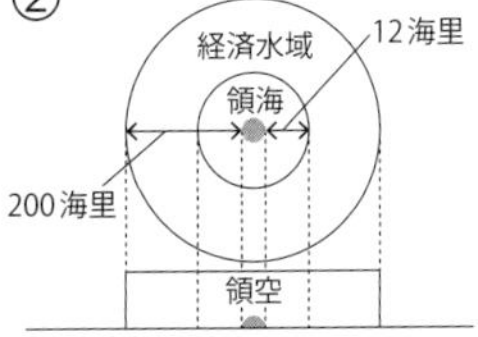

③

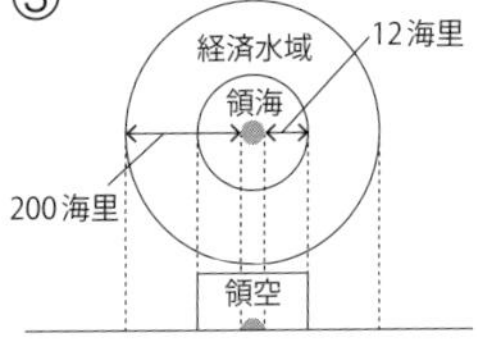

④

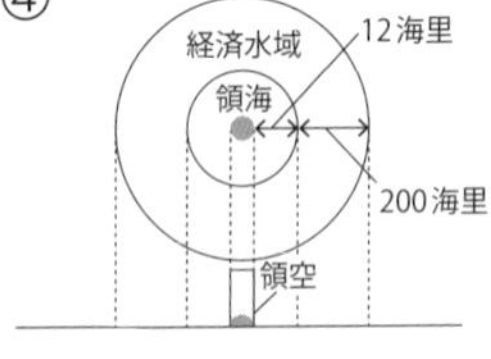

Q.20

イメージ同定　易　普　難　**超難**

以下の文を読み、主張の根拠となる図として適当なものをすべて選びなさい。

私の貯金総額は12歳の頃から毎年増えている。

①
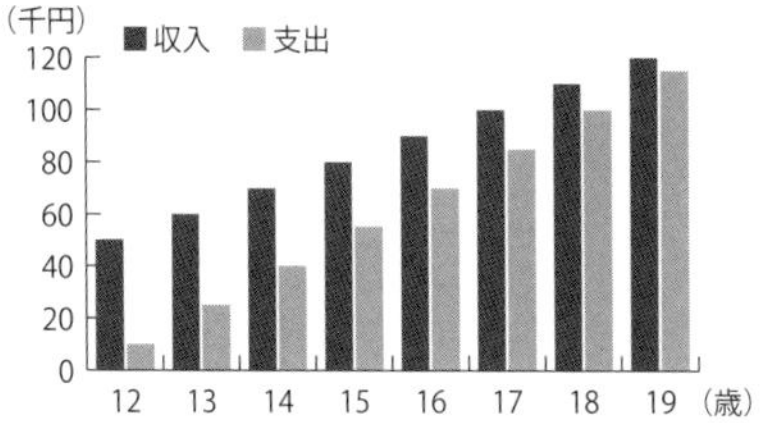

②
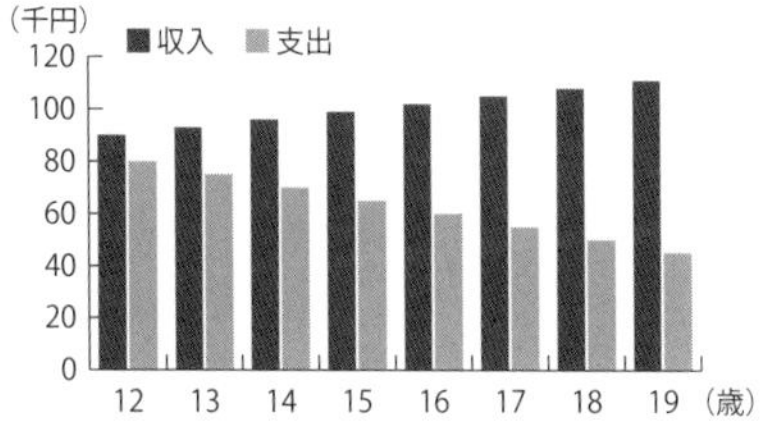

③
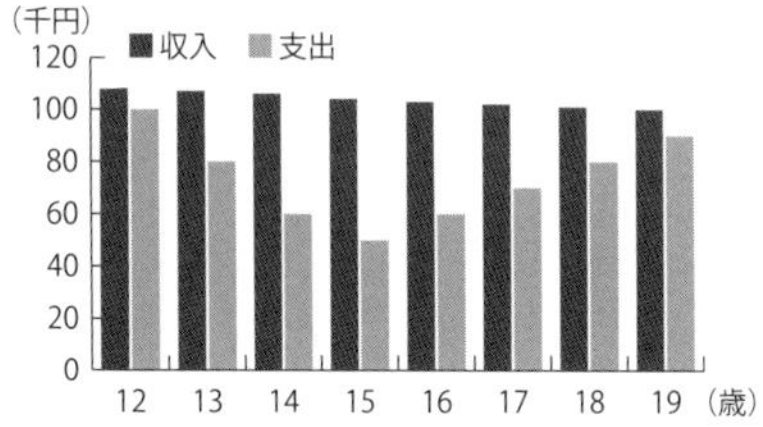

④
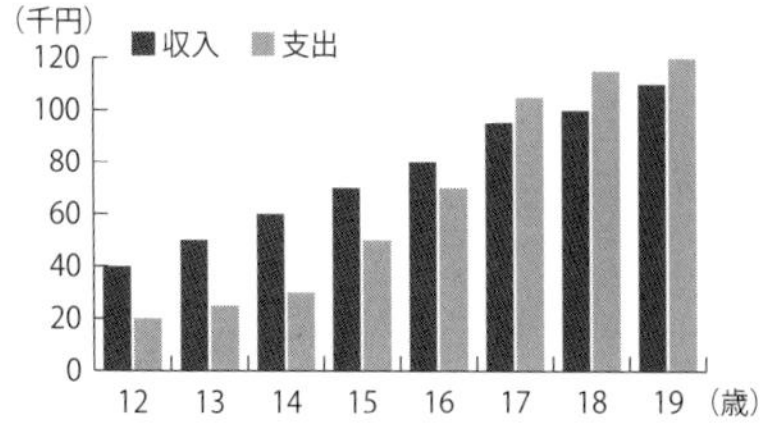

具体例同定（辞書）　易　普　難　超難

Q.21

以下の文を読みなさい。

人間が欲望を満たすために、生活に必要な物資など（財・サービス）を使うことを消費という。

「消費」にあてはまるものを選択肢の中からすべて選びなさい。

① 学生が大学に通って教育を受けること。
② 出張に行ってビジネスホテルに泊まること。
③ ピアノを使って曲を演奏すること。
④ 暑いときや寒いときにエアコンをつけるために電力を使うこと。

Q.22

具体例同定（辞書）　易　普　難　超難

以下の文を読みなさい。

ある者が他の者に対して一定の行為を請求しうることを内容とする権利を債権といい、財産権のひとつである。例えば、お金を貸した人が借りた人に対して、お金の返済を請求できる権利は債権である。

「債権」にあてはまる例を選択肢の中からすべて選びなさい。

① 友達に貸した本がなかなか返ってこない。早く返してほしい。
② 今月の給料が支払われない。きちんと払ってほしい。
③ 提出期限になっても、なかなか宿題を提出しない生徒がいる。早く提出してほしい。
④ 友達に借りた金を月末までに返さなくてはならない。

具体例同定（辞書）　易　普　難　超難

Q.23

以下の文を読みなさい。

比喩の方法で、「ように」「ような」などのことばを使ってたとえる表現の方法を直喩といい、「ように」「ような」などのことばを使わないで、たとえるものとたとえられるものをじかに結び付けて表現する方法を暗喩という。

「直喩」がもちいられている例を選択肢の中からすべて選びなさい。

①君のように暗い人は芸能人には不向きだね。
②いつも明るい母は我が家の太陽だ。
③5年前の夏を昨日のように思い出す。
④いつものように部屋を真っ暗にして眠った。

Q.24

具体例同定（辞書）　易　普　難　超難

以下の文を読みなさい。

動物の音声や物体の音響を言語音によって表した語を擬音語、事物の状態や身ぶりなどの感じをいかにもそれらしく音声にたとえて表した語を擬態語という。擬音語には「ワンワン」「ガサゴソ」などがあり、擬態語には「わくわく」「ポカン」などがある。

「擬態語」がもちいられている例を選択肢の中からすべて選びなさい。

①彼女はいつもテキパキと仕事をこなす。
②母親が亡くなったあと、彼はしばらくぼんやりと時を過ごした。
③熊よけの鈴がコロコロ鳴った。
④彼がやってきたのは、じとじとした梅雨の夕方のことだった。

具体例同定（理数）　易　普　難　超難

Q.25

以下の文を読みなさい。

1とその数以外の約数をもつ数を合成数という。

合成数の例として正しいものを選択肢からすべて選びなさい。

① 1

② 2.2

③ 0.6

④ 9

具体例同定（理数）　易　**普**　難　超難

Q.26

以下の文を読みなさい。

3つの文字a、b、cを用いた文字列で、次の（1）と（2）を満たすものを考える。
（1）最初の文字はaである。（2）同じ文字が2つ以上続くことはない。

上記の文の（1）と（2）を満たす文字列を選択肢の中からすべて選びなさい。

① a b c b a
② a b b c a
③ b c a c b
④ a b c d e

具体例同定（理数）　易　普　難　超難

Q.27

以下の文を読みなさい。

袋の中に、0、1、2、3、4、5と番号が付けられた6個の球が入っている。この袋から3個の球を同時に取り出し、次のように得点を決める。出た数の中に0が含まれる場合は0点、その他の場合は、出た数のうち最大のものを得点とする。

上記のゲームにおいて、得点が4点になる数の組み合わせを選択肢の中からすべて選びなさい。

① （2、3、4）
② （1、4、5）
③ （0、2、4）
④ （2、2、4）

具体例同定（理数）　易　普　難　超難

Q.28

以下の文を読みなさい。

正の整数を自然数という。また、不足数とは、その約数の総和が元の数の2倍より小さい自然数のことである。

「不足数」にあてはまるものを選択肢の中からすべて選びなさい。

①　0
②　1
③　3
④　6

解答

	Q1	Q2	Q3	Q4
正解	①	②	①	④

	Q5	Q6	Q7	Q8
正解	④	④	②	②

	Q9	Q10	Q11	Q12
正解	①	②	②	②

	Q13	Q14	Q15	Q16
正解	②	①	②	①

	Q17	Q18	Q19	Q20
正解	③	④	③	①、②、③

	Q21	Q22	Q23	Q24
正解	①、②、④	①、②	③	①、②、④

	Q25	Q26	Q27	Q28
正解	④	①	①	②、③

問題・解答は以上です。では採点に入りましょう。解答用紙にはそれぞれの問題の配点（点数）がついているはずです。７つの項目ごとに正答できた問題の点数を足し合わせます。各項目の点数は０から10までの値になるはずです。大丈夫ですか？

この本を手に取っているあなたは、たぶん、少なくとも一つの項目で、６点以上の点がついていると思います。どれも６点を下回っている場合、この本だけでなく、教科書や新聞、ましてや契約書を正確に読むことが、そもそも苦痛でしょう。どの項目も３点を下回っている場合、上記の注意書き「解答用紙にはそれぞれの問題の配点（点数）がついているはずです。７つの項目ごとに正答できた問題の点数を足し合わせます」をよく読めず、正しく自己採点できないかもしれません。

この本を出す前に、何人かの方に試しに受検してもらいました。その中には「５年生の娘も、息子は全部解けました」とニコニコする方がいらっしゃる一方で、「私も妻も中学生の娘も、家族全員が読解力不足とわかり、目の前が真っ暗になった。家族のコミュニケーションって、いったいなんだったんだろう……」という方もいらっしゃいました。本書がその悩みを解決するための一助になれば幸いです。

さて、これから改めて問題をご覧いただきながら、各項目でどんな読解のスキルを測っているか、そして、どんな点数だとどういう読みの傾向があるかについて解説していきたいと思います。

第4章 リーディングスキルテストの構成

RSTでは、「事実について書かれた短文を正確に読むスキル」を6分野7項目に分類して、テストを設計しています。

①係り受け解析……文の基本構造（主語・述語・目的語など）を把握する力
②照応解決……指示代名詞が指すものや、省略された主語や目的語を把握する力
③同義文判定……2文の意味が同一であるかどうかを正しく判定する力
④推論……小学6年生までに学校で習う基本的知識と日常生活から得られる常識を動員して文の意味を理解する力
⑤イメージ同定……文章を図やグラフと比べて、内容が一致しているかどうかを認識する能力
⑥具体例同定……言葉の定義を読んでそれと合致する具体例を認識する能力

具体例同定は、辞書由来の問題群（具体例同定（辞書））と理数系の教科書由来の問題群（具体例同定（理数））の2項目に分類されます。

各分野について、もう少し詳しく解説しましょう。

〈係り受け解析〉文の基本構造を把握する力

この本のように長い文章も、一つひとつの文から構成されています。そして、文は文節から構成されています。文節というと、いきなり引いてしまうかもしれませんが、「ね」を入れても意味が通るところで切れる、と思えばわかりやすいでしょう。

たとえば、「おじいさんは山にしばかりに、おばあさんは川にせんたくに行きました。」という文は、「おじいさんはね、山にね、しばかりにね、おばあさんはね、川にね、せんたくにね、行きました。」と「ね」を挿入しても意味が通ります。この文は「おじいさんは・山に・しばかりに、おばあさんは・川に・せんたくに・行きました」という文節に区切られるのです。その文節同士の関係を正しく把握するのが、**係り受け解析**の能力です。この文を例にとると、「山に行ったのは（おじいさん）である」「おばあさんは（川に）行った」というようなことを把握できるかということです。

係り受け解析は、修飾節が長くなったり、並列構造が複雑になったりすると、難しくなります。たとえば、こんな文になると途端に読めなくなる（目が滑ってしまう）、という人もいるでしょう。

それは、言語の哲学と数学の哲学に関するウィトゲンシュタインの後期の思想の中心をなす筋道であると私が考えるもの――それには「私的言語論」に関する私の解釈が含まれており、そして私見によれば、「私的言語論」は、原理的には、「規則に従う」という問題によって解明されるべきものなのであるが――の、いわば「根幹を叙述すること」によって成り立っている。（ソール・Ａ・クリプキ『ウィトゲンシュタインのパラドックス』黒崎宏訳、産業図書）

文の基本構造は、昔話でも、難解な哲学書でも、同じです。意味を理解できるかどうか、関心を持てるかどうかはさておいて、どんな文章を目にしても、「ああ、絶対無理」と諦めずに文の構造を正確に捉えられる能力を「係り受け解析」では測ります。ＲＳＴ体験版で10点を取った人は、ひとまずこの点は大丈夫だろうと思います。６点がビジネスパーソンの平均レベルです。それを下回った場合は、注意が必要になります。

ＡＩの係り受け解析と照応解決の能力は近年飛躍的に向上しています。ＡＩに負けない「ゆるぎない係り受け解析の力」が、基礎的・汎用的読解力の基本になります。

〈照応解決〉代名詞などが指す内容を認識する力

くどくどと同じことを繰り返さないようにするために、「これ、それ、あれ、それら、これら、そのように」のような**指示詞**で置き換えることがあります。これをいいます。また、日本語では指示詞を用いずに主語や目的語を省略することがあります。これを**ゼロ照応**といいます。ゼロ照応は、新聞など字数制限の厳しい媒体で特に頻繁に用いられます。指示詞やゼロ照応が文章に出現したときに、何を指すのかわからなければ正確に読み進めることができません。照応先を正しく認識することを**照応解決**と呼びます。

評論や文学では、「このように」「そのように」で前の段落で述べたこと全体を指すことがたびたびありますが、ＲＳＴでは文中で指す対象が明確なものに限定して出題しています。

正確に照応解決するには、まず文の構造を理解できないと難しいので、係り受け解析ができることが、照応解決の能力に影響を及ぼします。実際、係り受け解析と照応解決の能力の間には、０・６８５という「中の高」程度の相関があります。

ところで、ＡＩは照応解決をどう解くのでしょう。ＡＩは文章の意味を考えながら照応解決するわけではありません。大量の文章と教師データを学習して答えを導きます。その中に、比較的単純な方略がいくつか知られています。まず、「その国」と書いてあれば、指しているのは国に決まっているので、文中から国名を探す。また、「それ」と書いてあれば、直前に出てくる名詞を指すことが多いので、直前の名詞を選ぶ。この2つだけで結構当たる、と言われています。

それでも、なかなか解けないような文もあります。

1とそれ自身以外の約数を持たない、1より大きな整数を素数という。

数学の教科書に出てくる素数の定義です。知識として素数を知っていても、この文は読みにくいな、と思う人も少なくないでしょう。ですが、この文はこのようにしか書けないので、どの教科書にもだいたいこの定義で書かれています。

「それ」の前に出てくる名詞は「1」しかありませんね。でも、「それ」が指すのは1ではありません。「整数」です。

こういうタイプの文章は「はずれ値」すぎて、統計と確率でなんとかしようとする現在のAI技術で正解するのは相当難しいでしょう。一方で、人間も文章をきちんと読まずに、パターンで照応先を探そうとすると、こういう問題にひっかかり、RSTではなかなか良い評価を得られないのです。ＡＩのように読んだ人は、体験版のＱ７やＱ８でつまずいたのではないでしょうか。

〈同義文判定〉２つの文の意味が同一かどうかを判定する力

同義文判定では、とてもシンプルなことを問います。提示された２つの文が同じ意味か異なる意味か、ということです。つまり二択問題です。

一つの意味を伝える上で、文には、幾通りも、理論上は無限通りの書き方があります。すぐに思いつくのは、語彙上の書き換えです。

１以外の数を選びなさい。
１ではない数を選びなさい。

それ以外にも能動態か受動態かなど、様々な文の書き換えが考えられます。同義文判定力が低いと、ビジネスメールの意味を受け取り間違えてクライアントを激怒させたり、仕様と異なる実装をしてしまったり、と大変な目に遭います。体験版の同義文判定では、ビジネスパーソンならば、まずは6点以上、本物のＲＳＴでは、全体での偏差値67以上（上位５％）はせめて取っておきたい項目です。なにしろＲＳＴは小学6年生から大人まで受検しますから、上位５％は、大それた目標ではありません。

それ以前に、同義文判定と次に紹介する推論は、自学自習をする上で、欠くことができない能力だということに注意が必要です。

自学自習する際には、教科書や参考書を読んで問題を解き、自分で丸付けをした上で、間違っている部分を訂正しなければなりません。答え合わせです。「丸付けなんて誰でもできるのではないか？」と思うことでしょう。ですが、よく考えてみてください。問題集の記述式の模範解答と、自分の書いた解答が同義であるか否かを判定できなければ、答え合わせはできません。同義文判定ができないと、自分の答えと模範解答の字面が少しでも違うと、自分の解答を消しゴムで消し、模範解答を丸写しする以外にはありません。

家族でＲＳＴ体験版を受検したご家庭でも、「え!?（うちの子は）この差がわからないのか!!」と衝撃を受けている親御さんの顔が見えるようです。はい、残念ながら、わかっていないと思います。でも、あわてて塾に入れても問題は解決しません。いまどきは個別指導ですから、先生が丸付けをしてくれます。そのせいで、いつまでも自己採点できない、という負のスパイラルに陥っている可能性すらあります。

ところで、ＡＩは同義文判定ができるかというと……それができないから、大学入試センターの後継である新テストの国語の採点をどうするか二転三転しているのです。ＡＩ研究の大御所が「新テストの国語の記述式問題は、ＡＩに自動採点させることができる」と断言したことから、国はＡＩによる自動採点に大規模予算をつけました。しかし、うまくいくはずもなく、結局大学生などのアルバイトを雇って人間に採点させることになりそうです。実は、同義文判定は、ＡＩ界隈では、「言い換え表現」「同義文判定」「含意関係認識（entailment）」と看板をかけかえて数十年チャレンジしていますが、なかなか精度が上がらないことで有名なタスクなのです。今回の体験版テストの同義文判定で6点以上、特に10点を取った方は、ＡＩに負けない力を持っていると自負してよいかと思います。

〈推論〉基本的知識と常識から、論理的に判断する力

推論の基本は、「Aが正しければBが正しい」ということと「Bが正しければCが正しい」という情報から「Aが正しければCが正しい」という結論を導くこと。いわゆる三段論法です。「ソクラテスは人間である」「人間は皆死ぬ」ということから「ソクラテスも死ぬ」ということを導くというのが、三段論法で一番よく知られている例でしょう。

ＲＳＴでは、「Ａが正しければＣが正しい」ということを、Ａの文を正確に読解する力と、小学6年生までの学校教育の知識と、生活の中で身につけていると期待される常識から導く能力を「**推論**」という枠組みで診断します。学校で学べることは非常に限られています。たとえば、「スズメもカラスも鳥である」ということは、学習指導要領で教えるようにと定められているわけではありません。普段の生活や外部からの情報（テレビやインターネットなど）から知る「常識」です。ただ、この程度の常識が欠けていると、中学校の教科書を読んで意味を理解するのは、大変厳しい。たとえば、人口ピラミッドの形には、「ピラミッド型」「つりがね型」「つぼ型」という名前がついていますが、「つりがね」はすでに小中学生の間では「死語」の域でしょう。つりがねが何かわからなければ、この形状になぜ「つりがね型」という名前がついているのか、わかりません。

中学受験で、東大に毎年50人以上合格者を出すような有名中高一貫校に合格する層は、その中学校の教員が「当然身につけているはず」と思う常識の上で、推論の力を駆使しながら、自由闊達かつ柔軟に考える力を入試で発揮します。小学6年生の段階で、「つりがねとつぼは、下がすぼまっているかどうかという点で違う。だから、つぼ型は人口減少フェーズに入っていることを示すはずだ」ということを、教えられなくてもわかるような生徒しか、基本的に合格しないのです。実際、そういう中学校でＲＳＴを実施して、驚きました。大半の生徒が、推論を含むすべての分野で大企業のホワイトカラー並みに読めているのです。そして、生徒たちの多くは「(うっかりして、1、2問間違えたけれども)こんな易しいテストでひどい成績を取る人が本当にいるの?」と思っているのです。

ところで、なぜかわかりませんが、多くの人が「AIは、情緒は苦手だが、論理は得意。だから推論はできる」と思い込んでいるようです。ですが、プログラミングの論理と、人間世界の論理は、まったくとは言わないまでも、ほぼ別物です。RSTの推論の問題には、現状のAIは歯が立たないだろうと思います。推論で6点以上だった方は胸を張ってください。

ただし、6点止まりだった人は、「失われた森林」問題が解けなかったはずです。20年間に毎年、日本の面積の約18%の森林が失われていくわけですから、20×18=360、360%ということは、日本の面積の3倍を大きく超える森林が失われたことになります。

この問題の検討会では、「これは単純推論だけでなく、2×18>30という暗算を要求するので、問題の仕様から外れる」という意見と、「2×18=36くらいの暗算は小学校の知識内」とする意見が対立しました。試しに出題してみたところ、悲惨な結果になり、有償版のリーディングスキルテストに出題することは断念せざるを得ませんでした。ですが、ビジネスパーソンには、解けてほしい問題です。

〈イメージ同定〉文と非言語情報（図表など）を正しく対応づける力

いよいよ、ＡＩには未来永劫無理だろう、と思われる分野に入ってきました。

文字が発明されるはるか昔、ラスコーの洞窟時代から、ホモ・サピエンスは知識の伝達や意思の疎通のために図を用いてきました。図で、なぜ知識や意図を伝えることが可能なのか、謎です。

１９７２年と１９７３年に打ち上げられた宇宙探査機パイオニア10号・11号には、「地球外知的生命体」へのメッセージとして、図４－１のような金属板が取り付けられました。人間の男女の姿や、太陽系における地球の位置、そこからパイオニア号が発射されたことなどが描かれています。この金属板を搭載した宇宙探査機は80年代に太陽系を脱出し、宇宙空間のどこかをさまよっています。仮に「地球外知的生命体」が拾ったとして、これを見て「この宇宙探査機は銀河系の太陽系の第三惑星である地球から発射され、そこには男女から成る知的生命体がいるのだな」とわかるか、といったら……どうなんでしょうね。地球外知的生命体と意思疎通を図る前に、隣人となぜ意思疎通ができないか考えたほうが生産的じゃないかという気もしますが。

さて、図にはこれほどバリエーションがあるのか、ということを、私は東ロボを通じて、

図4-1　パイオニア10号・11号に取り付けられた金属板

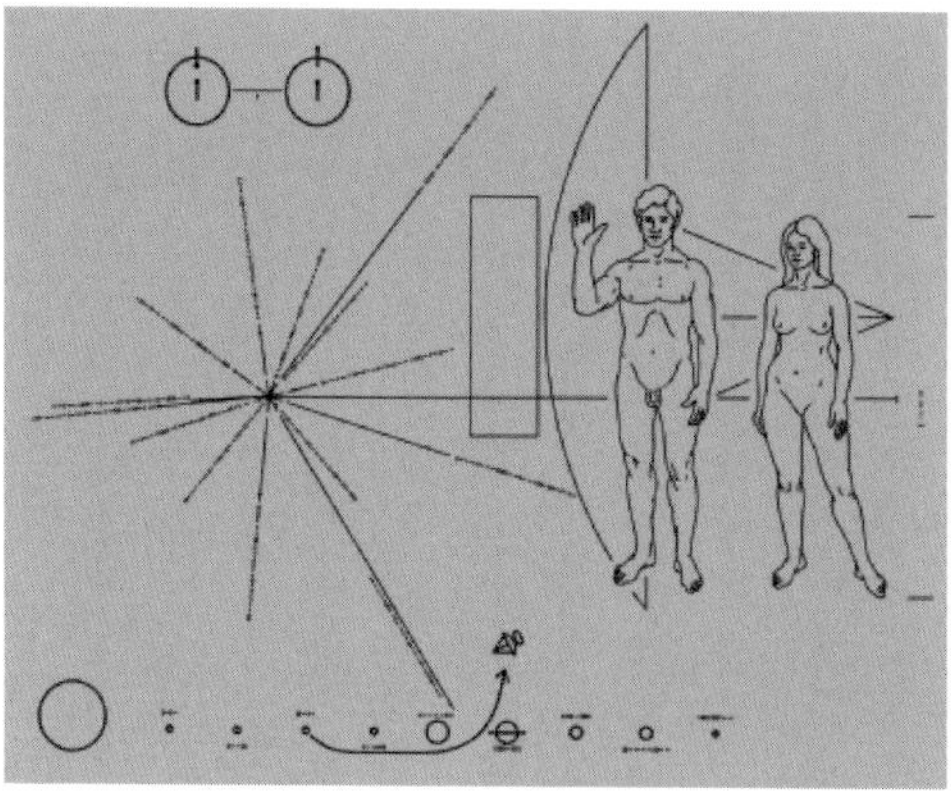

Photo by NASA/Getty Images

嫌というほど思い知らされました。英語のリスニングのイラストでなぜ初見で「デコレーションケーキの上にブルーベリーを配置しようとしているんだな」と受験生がわかるのか、そして、それをどうＡＩに教えればよいのか、私も含め参加していた１００人以上の研究者の誰一人としてわかりませんでした。それは、確率と統計をベースとした現在の画像認識——漫画家が描くイラストの中で、「目」がどこかを特定するようなこと——の先には、まったく解決が見えてこない課題です。

だからこそ、私は、ＲＳＴにイメージ同定というＡＩやロボットには解決できそうにない分野をあえて設定したのです。文章で表現された内容と図が対応しているかどうか見極めるのが**イメージ同定力**です。係り受け解析や照応解決、そして同義文判定の一部は、文章の意味を理解していなくても、パターンでもある程度解くことができます。けれども、推論、イメージ同定、そして次の具体例同定は、文が表す意味がわからないと、基本的に解くことができません。そういう意味でも、イメージ同定という分野は読解力を測るのに欠かせないと考えています。

イメージ同定で6点だった方は、まずは安心してください。一方で、6点で留まったということは、配点4点の「貯蓄問題」ができなかったということでしょう。毎年「収入－支出」がプラスである（＝これまで一貫して貯蓄が増えている）ことと、「収入－支出」の額が年々増加している、ということの違いを読み違えたのではありませんか？　ビジネスパーソンとしては痛恨のミスでしょう。

6点未満だった方、本当に提示された問題文を読めていたかどうか、改めて正解と照らし合わせてよく考えてみましょう。正解を見せて解説しても、お子さん（中学生以上）が腑に落ちない顔をしている、という場合は、たぶん教科書を読めていません。

〈具体例同定〉定義を読んでそれと合致する具体例を認識する力

文章の最小単位は単語です。

そして、「文章」「最小」「単位」「単語」の意味がわからないと、冒頭の文の係り受け解析はできても、意味はわかりません。人は成長の過程で、既知の語彙との関係性から徐々に新しい語彙を獲得していきます。語彙を獲得するには主として2つの方法があります。一つは、たくさんの例文から「だいたいこういう意味かな」と帰納的に理解する方法です。もう一つは「〜を…という（と呼ぶ）」という形式で新しい言葉を直接導入する「定義」と呼ばれる方法です。

定義に基づいて語彙を獲得する2歳児はまずいないでしょう。「手を洗った？」と聞かれて咄嗟に「うん」と言ったとき、「あら、手に砂がついているじゃないの。ウソをついたらダメでしょう」と注意される、というようなことを重ねつつ、「ウソをつくとはどのようなことか」ということを経験的に覚えていくのでしょうね。

ただし、その方法で身につく語彙は、具体的なモノやコトのレベルに留まります。たとえば、「2、4、6、8、……のような整数を偶数という」といっても、それでは－110はどうか、0はどうか、という判断はできません。「2で割り切れる整数を偶数という」とか「2の倍数であるような整数を偶数という」という定義を使わないと、正確には伝わりません。定義は社会科学も含めて、音楽の楽理や家庭科の理論から数学まで、科学分野の用語を導入するときに主に使う方法です。そして、中学以上では、国語と歴史を除くすべての教科書で急増します。国語や英語では、辞書を使って新しい語彙を導入するときや文法を教えるときに定義文が出てきます。定義文を理解し、具体的な例がその定義に当てはまるかどうか判定することを**具体例同定**とよびます。

そして、この具体例同定能力が十分に伸びていない状態で中学に進学することが、中学校での勉強のつまずきの原因になっているらしい、ということが私たちの研究で徐々に明らかになってきました。小学6年生は、さきほどの偶数の定義のような簡単なものでも、半数以上が読めません。そのまま中学に進学すると、特に理数系で定義の集中砲火を受けて参ってしまい、投げ出したくなるでしょう。

具体例同定（理数）が6点未満で、「自分は絶対に文系」と中学卒業時点で心に決めた方は、実は理数系の科目が苦手だったというより、理数系の定義を読めなかった可能性があります。ですが、大学に進学すると、文系でも社会科学系は全部科学ですから結局定義を読まざるを得ません。就職すると、契約書も仕様書も全部定義だらけです。「経験を積みながら覚えていけばよい」仕事など、コンプライアンス時代の今日、もはや絶滅危惧種です。少なくとも、今後、デジタライゼーションで合理化される可能性が高い部門でしょう。ぜひ具体例同定で6点以上を目指してください。

第5章
タイプ別分析

前置きが長くなりましたが、これでＲＳＴの各分野でどんな力をみているか、おわかりいただけたかと思います。これまで11万人の受検者がＲＳＴ有償版を受検しました。結果を眺めているうちに、いくつかの特徴的なタイプに分類されることがわかってきました。そのうちの代表的なタイプを以下、ご紹介しましょう。

理数系が苦手？〈前高後低型〉

係り受け解析・照応解決・同義文判定6点以上、推論・イメージ同定・具体例同定の2つ以上が3点以下という層をとりあえず「**前高後低型**」と名付けることにします。

11万人の有償版ＲＳＴ受検者データから考えると、これが大企業ホワイトカラーや教員のうち、この本を手に取る可能性が高いと考えられる層で最も多いタイプでしょう。ＭＡＲＣＨ（明治大学・青山学院大学・立教大学・中央大学・法政大学）・関関同立（関西大学・関西学院大学・同志社大学・立命館大学）クラスの有名私大文系にも少なからずいることが、4年間の予備調査からもわかっています。

活字を読むことは嫌いではないし、知的好奇心はあるのに、理数系やコンピュータに対して苦手意識はありませんか？　一行一行確実に読むよりも、キーワードを拾って「今、こういうことが話題になっているんだな」とザックリ理解しようとしていませんか？ 90年代はそれで済んでいたかもしれませんが、イノベーションの速度とインターネットでの情報拡散速度が上がった現在は、「話題になっている」ときには、もう誰もが知っているのでその方法で他の人々と差別化することはできません。

高校1年までには「数学が苦手だな」と感じ始めたのではないかと思います。それは、推論と具体例同定（理数）が苦手、つまり論理と定義を理解する力が不十分なためです。あなたと同じかそれ以下しか論理力がない人はたくさんいたはずです。けれども、活字を読むのが好きで暗記が得意なため、文系科目の成績が良かったこととのギャップから、早い段階で数学に対して必要以上に苦手意識を持ってしまった可能性があります。

推論が苦手なのを別なことで無理に補おうとすると、経験値か「空気」（同調圧力）かネット等の情報に頼ることになるでしょう。そうすると、2つの極端な行動パターンに走りがちになります。圧倒的に多いのが、情報を大量に取り入れながらも新しい環境に尻込みしたり、反対するパターン。できない理由、反対する理由を考えるのは上手。でも、本当の理由は、新しいテクノロジーを本質的に学んだり考えたりする自信がなく不安が大きいのでしょう。一方、真逆に見えると思いますが、自己啓発本に感化されてベンチャーを立ち上げたり、積極性を無理にアピールするためにやたらと提案したりすることで自滅するか部下や同僚を疲弊させるというパターンもあります。どちらにも共通する点は「情報量過多で論理力不足」です。

自力でもっと伸ばせる〈全分野そこそこ型〉

この本の読者層で、〈前高後低型〉の次に多いのが、推論・イメージ同定・具体例同定のどれかは3点を取ってしまったが、ほぼすべて6点を取ることができたのに、なかなか10点が取れなかった層でしょう。こういう方は、真面目で優秀でそれなりに論理的です。自学自習の基礎もできています。地方出身ならば、自学自習をして、地元の国立大学に進学したり、都市圏の有名私大に合格できたのではないかと思います。組織の中でも、頼られる人材に違いありません。

ただ、多くの組織で、今、「前高後低型」や「全低型」が少なくないのです。となると、論理や仕組みは何もわかっていないのに、ビジネス書を斜め読みしたり講演会で影響を受けてきて「わが社のビッグデータを使ったＡＩ活用について何か考えてよ」と突然言い始める上司の無茶ぶりや、「全低型」部下のメールの読み間違いで起こったクライアントとのトラブルの解決のために、優秀であるがゆえに頼られ、板挟みに遭い、多忙に陥ることも少なくないはずです。

ほとんどの分野で10点を取れる読解力があれば、そんな会社に見切りをつけて、優良なベンチャーを目利きした上で、CCO（最高コンプライアンス責任者）に就くという自分の活かし方があるはずです。テックナード（テクノロジーおたく）が起業した会社では、資金調達やコンプライアンスなど、「会社」として回していく有能な人を常に求めています。GAFAが成長したのは、そうした有能なCCOの存在によるところが大です。

基本的には自力で能力を伸ばす力がある人ですので、もし今の会社に満足できていないなら、リーディングスキルをさらに磨くことで、人生のリスクヘッジ（嫌になったときに好条件で伸びしろが大きい会社に異動する力をつける）の準備をすることをお勧めします。

中学生平均レベル〈全低型〉

読みの最も基本になる係り受け解析か照応解決のどちらかで3点以下だった層です。中学生の平均と同じレベルです。このタイプが、後半の推論・イメージ同定・具体例同定が高いということはめったにありません（はずれ値については後述します）。その結果、ほぼ全ての分野で3点以下になってしまったのではないでしょうか。

テレビや動画でないと頭に入ってこないということはありませんか？　ＬＩＮＥやインスタグラムは楽しめても、「活字は退屈だし、効率が悪い」と思っているのではないでしょうか。にもかかわらず、本書を手に取ってくれてありがとうございます。

この層は、５科目まんべんなく勉強する必要がある「センター入試＋記述式二次試験」を課す国立大学に入学するのは厳しく、私大文系に限定しても、なかなかＭＡＲＣＨレベルに一般入試で合格することは難しいはずです。付属校からの進学、推薦入試、ＡＯ入試、１科目入試で進学した人も少なくないでしょう。

このままでは、メールや契約書など文書で判断をしなければならない仕事は、正直に言えば、厳しいです。本人は読んでいるつもりでも、読めていないのでミスが頻出し、上司に叱られるシーンが増えるでしょう。けれども、推論と同義文判定ができないので、「なぜ叱られているのか」がわからず、不満がたまるでしょう。また、入社後に業務上必要な資格を取るのに苦労します。たとえば、不動産会社で宅建が取れないとか、金融系で最も易しい外務員の資格試験に落ちるというようなことが起こります。昨今、コンプライアンスが厳しくなっていますから、基本資格試験にパスできない人材は、入社させても使い道がないし、本人も苦しい思いをするに違いありません。

教員の場合は、低学年しか受け持つことができないとか、知識伝達型の授業しかできないことが懸念されます。学校では、教員の技量を後に大きく超えることになる生徒も学んでいます。様々なことに興味・関心を持ち、高度な質問をしてくる生徒や、批評精神に富んだ生徒に対して、読解力が低い教員が「手に余る」と感じると、そのような生徒の可能性の芽を摘むことにもつながりかねません。

自分の点数にショックを受け、なんとかしたいと思った方は、この本の最後に出てくる「手記」を読んでください。この手記は、典型的な「全低型」を半年で克服し、読み・書きが正確になり、生産性が飛躍的に向上した結果、ベンチャー企業のＣＴＯに就いた人が書きました。リーディングスキルは、先天的なものではなく、30代後半でも上げることはできるのです。大人の場合、リーディングスキルを上げるモチベーションが明確なので、どうにかしたいと本気で思えば、半年くらいで改善できることも少なくありません。

むしろ難しいのは、中高校生のお子さんかもしれません。リーディングスキルを上げる手立てはいくらでもあるのですが、本人が「勉強はそんなに好きじゃないけど、学校は楽しいし、別に困っていない」と思っているとやっかいです。「馬を水辺に連れて行くことはできても、水を飲ませることはできない」からです。学校が基礎的読解力を重視していると、いやでもリーディングスキルを上げざるを得なくなりますが、プリント学習と暗記で済むようなテストが主流だと、当面は暗記でそこそこの点数が取れてしまうので、リーディングスキルを上げるインセンティブを持てないかもしれません。

知識で解いてしまう〈前低後高型〉：はずれ値①

まれに、係り受け解析や照応解決が6点未満なのに、具体例同定（理数）だけが10点満点という人がいます。また、推論や具体例同定（理数）が6点未満なのに、具体例同定（辞書）だけが10点満点という人もいます。このタイプは児童生徒にはほぼ見られません。非常に珍しいので、受検機関の協力を得てこうした受検者のバックグラウンドの聞き取り調査をしました。すると、前者は理数系の教員や、金融系ならばクオンツ志望の新入社員など、理数系の特殊な教育を受けていた人にほぼ限られることがわかってきました。そして、後者は国語の先生や文学部出身者に多いようです。

ＲＳＴでは、推論の問題や具体例同定（理数）の問題で、「偽の定義」や「間違った前提」は使いません。純粋に推論力を測るなら、そういうこともしたほうがよいのかもしれませんが、教育的配慮から、誤った内容の提示文は使わないようにしているのです。そのため、問題文を読まずに知識で解いてしまう人を完全に排除することができないのです。

「それでは純粋に読解力を測れていない」という批判があることは承知しています。ですから、このタイプがどれくらいいるか気にしていましたが、第6章で詳述するように統計に影響を与えるほどではないことがわかり、安堵しました。

むしろ、係り受け解析や照応解決の能力値と対比することで、「読めていないのに知識で解いている」人をあぶり出すことができると言えるかもしれません。

読解力ばっちり〈すべて10点満点型〉：はずれ値②

あなたは、上位1％未満の基礎的・汎用的読解力を有する人です。

読解力は決して、一人で獲得することはできません。あなた自身の資質だけでなく（あなたが満足していようがいなかろうが）生育環境がその力を育んだのでしょう。それは、とても幸運なことです。

日本の子どもの相対的貧困率は7人に1人に達しました。一人親の家庭に限定すると5割を超えます。定義上の相対的貧困には該当しなくてもギリギリのラインにいる子どもはもっと多い。貧困だけが理由ではありません。金銭的余裕があるパワーカップルの中にも、保護者があまりに多忙なせいで、子どもが起きている時間に「大人同士の会話を聞く機会」「大人とのコミュニケーションを取る時間」を十分に確保する時間が取れずに、語彙や推論力が十分に身につかないケースもあるでしょう。保護者のルーツが日本以外であるため、日本語母語話者同士であれば家庭で当然使われるような言葉を知らずに育つというケースもあります。

私たちは、社会という一つの船に同乗しています。読解力が劣る人を「自己責任」として放置すると、企業や社会全体の生産性が上がりません。その人々がＡＩに代替され低賃金の職を奪い合うようになったなら、格差が拡大し、人口減少がさらに進み、日本は持続可能ではなくなります。では、海外に逃げればよいかといえば、テクノロジーに対して人の読解力が追い付いていない状況は欧米ではさらに深刻です。ＯＥＣＤの調査でも、日本人は世界でもまれに見る「よく読める国民」であることがわかっています。

あなたはきっとその優れた読解力で、現代の知識基盤社会の中で、力や富を得る機会に恵まれるに違いありません。その恵みを、どうかその機会が少ない人とも分かち合ってください。読解力が成功を約束する知識基盤社会で、成功に最も近いところにいるあなたに課せられたノブレス・オブリージュでしょう。

診断に納得できない方へ

診断を読んで「どうせこんなの似非科学に決まってる。根拠もないのに、人を分類したりして、不愉快極まりないトンデモ本だ！」と腹を立てる方がいらっしゃることでしょう。ただ、第6章で詳説しますが、このデータは小学6年生から一部上場の一流会社の社員までのべ18万人が受検した結果に基づいています。もちろん、本書は本物のＲＳＴとは違います。あくまでも「体験版」に過ぎません。本物に比べて問題数も限られていますから、「うっかり正解（誤答）した」ことの影響が非常に大きいのです。納得がいかない方はぜひ、本物のＲＳＴを受検してみてください。その上で、同じような結果が出た場合、大変申し訳ないですが、その診断結果は「トンデモ」ではありません。

『ネイチャー』や『サイエンス』などに掲載される医学系や心理系の学術論文でも、たぶん、これだけ大量の受検者に対して、ランダムサンプルに極めて近い形態で行われた調査は稀でしょう。ＭＲＩを使う脳科学や新薬の臨床試験の場合、１００未満のサンプルでも論文が通ります。通常、調査に協力してくれる層には偏りがあります。調査に協力するインセンティブがないからです。そのため、教育学の心理実験の多くは、教育学部の学生に依頼して実施されることが多く、「『教育学部生の心理』しかわからない」との批判を浴びることがよくあります。RSTのように、毎年数万人単位で小学6年生から大人までの調査結果を得られることは、まずありません。

加えて、RSTで測っていることは比較的「単純」です。係り受け解析で3点以下、ということは、配点3と4の問題を両方とも間違ったのでしょう。どちらも短文を正確に読みさえすれば、確実に答えられるはずの問題です。それを両方とも間違えるということは、複雑な文になると文の構造を捉えられなくなる、という以外に解釈のしようがありません。同様に、RSTで問うような単純な推論ができないということは、日常生活や仕事の上で想定されるもっと複雑な推論はできるはずがない、というのも当たり前すぎる結論です。にもかかわらず、現在、正規雇用フルタイムの職に就けているとするならば、それは推論の力というより、経験値や空気を読んだ結果でしょう。けれども、これから私たちが迎えるデジタライゼーションを軸とした産業革命では、それこそが最も機械に代替される職種と働き方なのです。「おとといも、昨日も今日も太陽は東から上り、西に沈んだのだから、明日もそうに違いない」というタイプの経験に基づく判断では、足元をすくわれます。

ところで、RSTは私が開発したテストですが、考案者の私は、テストの妥当性や信頼性、問題の難易度推定や受検者の能力推定をするアルゴリズムの開発やパラメータの選択には一切かかわっていません。それは「統計班」と呼ばれるテスト理論の専門家が考案しています。そして、彼らは、どの機関のどの層がどういう理由で受検をしてきたかを一切知らされていません。このように2つの研究グループを完全に切り離すことで、ＲＳＴは恣意的な作問や能力値の推定ができないようになっているのです。

今回選んだ計28問は、ＲＳＴ開発当初に作問し、すでに4年を経過したために廃棄処分が決まった数百問から選びました。どれも１０００人以上が解いた問題で、それを難易度順に点数をつけて体験版として提供しました。

ところで、大企業がＲＳＴを新人研修のために、あるいは採用のスクリーニングのために導入するときは、まず人事部の方が試しに受検し、その結果を見て導入の可否を決めることが多いようです。「完全に出身大学の偏差値と相関したので、導入を見送る」という判断をするところもあれば、「最終面接の後に専用タブレットで受検させ、両方の点数で採用を決める」というところもあります。今は、全体的に人手不足なので、「出身大学の偏差値はいま一つだが、実は読解力が高い人材を拾う」ことや、「暗記やＡＯで高偏差値の大学に入ったけれども、実は読解力が低い人材を避ける」ことに価値を見出している会社が多いような気がします。コンプライアンスの徹底や「働き方改革」が求められる中、基礎的読解力不足によるトラブルを避けたいという流れがあるのは当然と言えば当然のことかもしれません。

２０１８年に有償版を公開したときに真っ先に「新人研修に使いたい」と申し込んできた一部上場企業が数社ありました。その中には、受検結果について私のアドバイスが欲しいと求めてきたところが複数ありました。私は当然受検者の名前も出身大学も学部も知りません。ですが、成績を見ながら「御社がこの人を採ったということは……この人は、Ｄランクの私立文系で体育会出身、面接では背筋もピンとしてはきはきと答えたのが好印象だったのでしょう。営業職を、と思ったかもしれませんが、コンプライアンスを守れませんよ。マニュアルや約款を読めないからです」「この人は……某有名私大出身のクオンツ志望ではありませんか？　具体例同定の理数の問題はよくできていますが、実は推論とイメージ同定が中学生並みです。大学入試で数学の記述式を経ていないため、数学を知識として詰め込んでいるような気がします」「この人は、ＴＯＥＩＣの点数かＳＰＩの点数がものすごく良かったのではありませんか？　それは対策塾に通った成果で、本当は読めていないと思います」と分析したりすると、かなりの頻度で当たるようなのです。あまりにリアルに受検者のバックグラウンドを分析するので、人事担当者から「本当に個人情報を勝手に取ったりしていませんよね」と確認されるほどでした。ですが、人事担当者が漏洩でもしない限り、私が受検者の個人情報を取得することはできません。

第６章で詳述しますが、ＲＳＴの能力値と入学し得る高校の偏差値は相関します。近日中に研究成果として公表することになると思いますが、大学でも同様の傾向があります。にもかかわらず、卒業大学のブランド（偏差値）と基礎的・汎用的読解力が乖離している場合、その受検者は、公教育や大学入試が想定している学力試験に対して「想定外の」行動を取ってきたに違いない、ということになります。私はこれを「社会システムの矛盾を突いた受験行動」と呼んでいます。

少子化が急速に進む中で、大学の数は減るどころかかえって増えています。4割の私立大学が定員割れしている中、早めに定員を確保するために、附属中高一貫校を増やすのが昨今の傾向です。また、私立大学にとって入試検定料は重要な収入源になっています。センター入試の結果を送付するだけで、複数の学部を受験することができるとか、1科目だけで受験できるとか多様な受験機会が用意されているのです。読めない子やその保護者にとっては、ある私立大学を第一目標に定め、その入試形態に合せて最適化するのが、大学受験という社会システムの矛盾や脆弱性を突いた「利口な」受験行動でしょう。

ただし、その行動は短期的に最適なだけで、長期的に意味があるとは思えないのです。もし国家試験を通ることが必要な学科に入学したなら、国家試験を通れなければそれまでの投資は無に帰します。たとえば、看護学部や薬学部。必要な過程を大学で修了するとともに、国家試験に合格しなければ看護師や薬剤師になることができません。ところが、全国の薬学部の卒業時の国家試験合格率を見ると、90％以上の合格率を誇る大学がある一方で、30％台のところもあるようです。薬剤師を養成するための薬学科は6年制。6年間という時間をかけ、学費を払ったにもかかわらず、国家試験に合格できないせいで薬剤師になれなければ、取り返しがつかないほどの痛手でしょう。

一方、大学にとっても、低い合格率は学科存続の上で、大きな問題になるはずです。そのせいでしょうか。最近、看護学部や薬学部からのRST受検が急増しています。受検した大学によると、RSTの能力値でクラス編成し、能力値が低い学生には、まず「読む指導」をしているそうです。企業でも同じです。不動産会社ならば宅建士、証券会社なら少なくとも証券外務員、できれば証券アナリストの資格を取得してくれなければ戦力にならないのでしょう。そうした業種からの受検が増えています。

AI時代には、大学のブランドや「手に職系」の学部を選べば安心、ということはありません。まずは「基礎的・汎用的読解力」を身につけて、ふつうに教科書で勉強をし、堂々と大学入試に臨むのが、のろまな亀のように見えて、結局は最も賢い生き方なのではないかと思います。

第6章

リーディングスキルテストでわかること

リーディングスキルテストは「視力検査」に似ている

第3章のリーディングスキルテスト（ＲＳＴ）体験版の受検、お疲れ様でした。

本物のＲＳＴは、約35分で6分野7項目の「基礎的・汎用的読解力」を診断します。

ええ、たったの35分。

後から詳しくお話ししますが、たったそれだけで非常に高い精度で診断できるのです。

「でも、『同義文判定』なんて、二択でしょう。コインを投げて選んでも5割は正解する。4、5問解いて、まぐれで全部当たる人もいるんじゃないですか？」と疑問を持つ方も当然いらっしゃると思います。

そういう「まぐれ」を防ぐようにＲＳＴは設計されています。詳しく説明すると専門的になってしまうので、ここでは、誤解を恐れずにたとえを使ってざっくりと説明します。

ＲＳＴは、視力検査の仕組みに似ています。

視力検査は、一部が切れている大きさの異なる輪を示して、上下左右どこが切れているのかを答えさせることで、視力を推定する、という検査です。「上下左右」から一つ選ぶので、四択です。ＲＳＴの「係り受け解析」や「照応解決」と同じです。

視力検査では、まず真ん中あたりの、０・８あたりから聞かれます。０・８に迷わずすぐに正しく答えれば、次は（０・８や０・７ではなく）０・９を聞かれます。それも正答すれば、１・０や１・２に進みます。１・２あたりで、「よくわかりません」とか「（本当は右なのに）下……かな？」とか答えると、もう一度１・０に戻ります。１・０は確実に答えられるのに、１・２は当たったり当たらなかったりということになると、その人の視力は１・０だと推定されます。

ＲＳＴも似た仕組みになっています。

まずは難易度中程度の問題をいくつか解いてもらいます。それに対する受検者の「反応」（正答するか誤答するか、諦めてスキップするか）に基づいて、より難しい問題を出題するか、簡単な問題を出題するかを決めます。それを繰り返すことによって、最終的に、正答率が半々になるあたりの問題の難易度が、受検者が正確に読むことができる「限界だろう」と診断するわけです。

図6-1　視力検査表の例

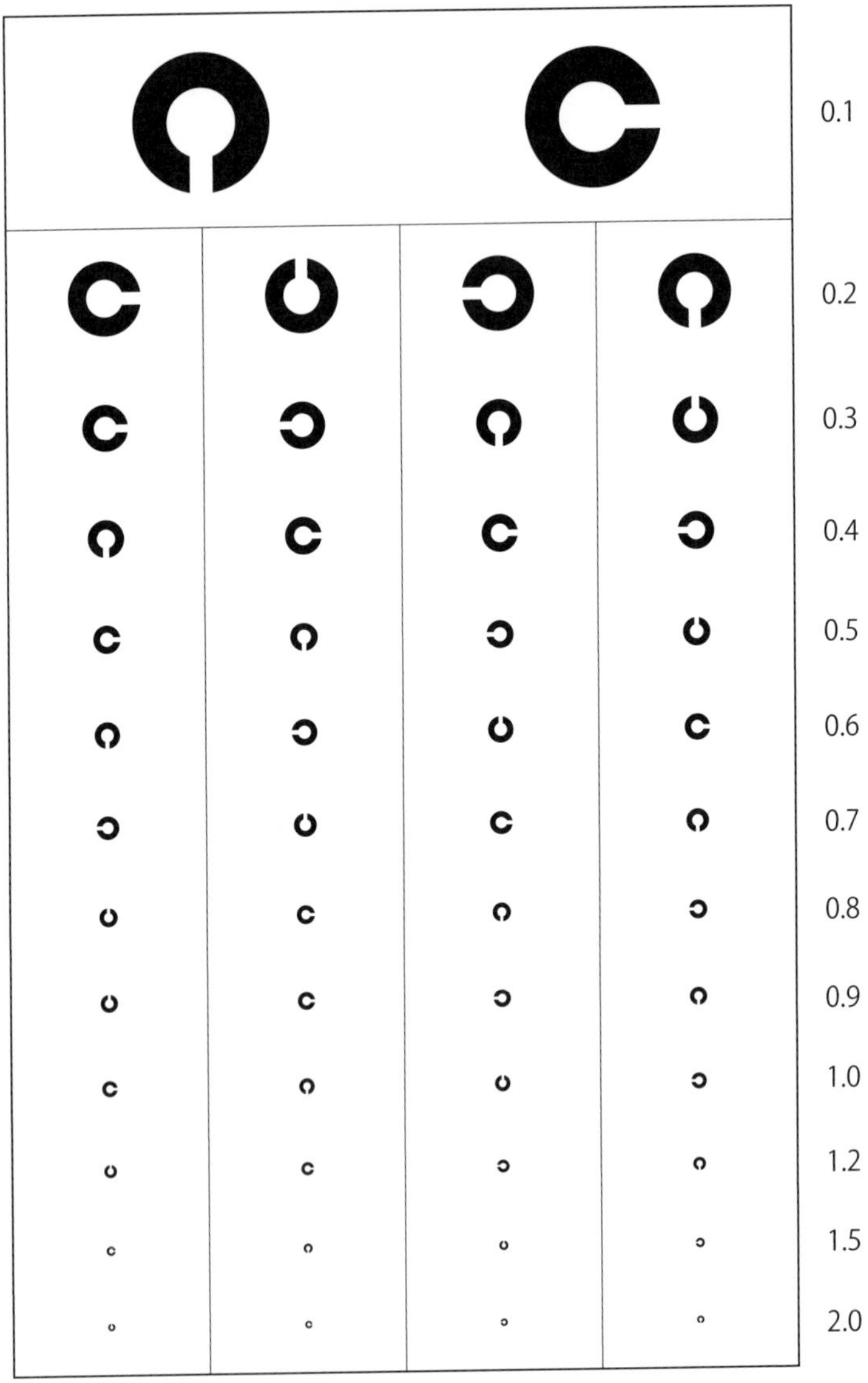

RSTプロジェクトでは、3年間で1万5000を超える問題を作問してきました。出典は、小中高校の教科書、新聞、個人情報保護法など比較的新しい法律などです。提示文はそこで完結している必要がありますから、著作権者にお願いをして、マイナーな変更（「です・ます」調を「である」調に直す、他の箇所を引用する部分を省くなど）はお許しいただいています。理数系のイメージ同定問題や具体例同定問題などはオリジナルで作問することもあります。その中には、様々な理由から出題するには不適切だと判定された問題もそれなりの数、あります。私自身が作問した問題でも、レビューでハネられたり、数百人に試しに出題した結果がよくない（能力値が高い人と低い人の正答率がほとんど変わらないなど）せいで、採用されないことがままあります。第3章で「超難問」（配点4点）として出題した問題は、あまりに全体での正答率が低すぎて、本当に読めたから正答したのか、まぐれで当たったのか判定できないため、お蔵入りになった問題です。ただ、何人もの目を通してチェックしても内容としては正しいので、この本のために蔵から出してきました。

こうした何重ものチェックを経て、現在数千問の問題が出題可能な問題として「**項目プール**」に入っています。RSTでは、受検者一人ひとりの学年や読解レベルに合わせて項目プールから出題していきます。

ですから、RSTは紙で受検することは不可能なのです。

「全員が紙で、初出の問題を一斉に解く」ということに慣れている学校関係者は、まずこの受検スタイルに驚きます。でも、よく考えてみてください。紙の問題では、初出にもかかわらず、それぞれに点数があらかじめ割り振られています。たとえば、計算問題は1問3点で、2問ある文章題はどちらも15点というように。けれども、計算問題にも易しいものと難しいものがあるでしょう。たとえば、「2×3」と「7×8」だったら、後者のほうが正答率が低いはず。文章題ならばなおさらそうでしょう。ただ、どちらがどれだけ難しかったのかは、採点後に初めてわかることなのです。ならば、採点後に、それぞれの問題の重みを決めて点数を出すほうが、本当は公平なのです（紙のテストでは、そんなことは到底できないとは思いますが）。

「一斉に受検させないと、カンニングが横行するのではないですか？」

「同じ問題を繰り返し出題したら、受検対策をされてしまいませんか？」

と不安に思う人もいるでしょう。心配はいりません。まず、隣の受検者はあなたと全然違う問題を解いていますから、カンニングはできません。また、ＲＳＴ受検中は読むので精一杯なので、問題と答えの対を完全に暗記して漏洩することは、まずできないでしょう。

第一、リスクを冒してまでカンニングする必要性がＲＳＴにはありません。ＲＳＴでは「穴埋め問題」のように知識を問う問題は出題されません。答えが問題文にばっちり書いであります。妙な受検対策に走るより、「ふつうに読む努力」をするほうが、圧倒的に楽ですし、意義があります。後述するように、読めるようになれば、良いことがたくさんあるのですから。

「きちんと読む」は結構疲れる

ＲＳＴの受検にかかる時間は基本的には35分です、と伝えると、（小学校以外の）学校や企業は「たった35分ですか？」とやや怪訝な顔をするとともに、「ならば仕事の合間に受検できますね」「授業時間内に受検が終わるので助かります」と、明るくおっしゃいます。

ところが、受検が終わった企業や学校の担当者に感想を聞くと、「こんなに長い35分を体験したことがない」「受検が終わったときには生徒は疲れ果てていた」「とてもじゃないが、仕事の片手間に受検できない」とぼやくのです。そういうわけで、私たちは研究を進めて、なんとか35分で診断するテストの精度を下げずに25分程度で受検できるような改良版を考案しました。この本が皆さんの手に届くころには、25分版になっているかもしれません。

それにしても、いったいこれはどういうことでしょう？

センター試験は2日間にわたって実施されます。中学校の期末試験なんて、2、3日にわたってテスト漬けになります。それよりも35分の「答えがまさにそこに書いてある文章を読む」ことのほうが、圧倒的に疲れると、口々に言うのです。「紙ではなく、パソコンで受検するから疲れるのではないか」とおっしゃる方もいます。疲労しすぎると、正答率に影響するでしょう。私たちは、テスト開発の初期に、中学生、高校生の両方で、「紙とパソコンで解くのに差があるか」という実験をしました。その結果、パソコンで解かせたほうがわずかに成績が悪い、という結果が出ました。ただし、2ポイント以上正答率が違うのは「係り受け解析」だけでした。より複雑な具体例同定などでは差が出ませんでした。

RSTは6分野7項目でテストを行います。一つの分野のテストが始まる前に、練習問題が1問出てきます。解答すると、正解が表示されます。その後に、「いよいよここから本番です。準備ができたら始めましょう」とのメッセージが表示されて、その分野のテストが始まります。こんなに親切なテストは他にないでしょう。

係り受け解析ならば、係り受けの問題だけが連続して出題されます。一つの問題を解くのに制限時間はありません。むしろ、最初の10秒は、解答できない仕組みになっています。せめて10秒くらいは提示されている文章を読んでから、答えてほしいからです。各分野には5~9分程度の制限時間が設けられています。それは「速く解かせたい」というよりも、長時間解かせて疲労から間違えやすくなることを防ぐためです。係り受けの問題では、制限時間内に8問から20問程度を解く人が多いです。それで十分に能力を推定できます。まれに3問しか解けないという受検者もいます。そうすると、（視力診断でいうと、0・8を聞いたあとに、0・9、1・0を聞いて終わってしまうという感じになるので）全問正解してもやや低めに能力値が出る可能性もあります。ですが、そういうことはまれで、だいたい能力値を測るのに支障がない程度の数を解答します。

3分野を受検し終わったところで、コーヒーブレイクを設定しています。深呼吸をして、少しリフレッシュしましょう、というメッセージが出ます。そこまでたった17分。それでも、ブレイクを取らなければならないくらいに疲れるのです。

ブレイクの後に、残り3分野のテストを受けて、RSTは終了します。その場で受検者には画面上に能力値や、その能力値ではどんなことに気をつけなければいけないかというアドバイスが表示されます。たとえば、係り受けで5段階評価の「4」と評価された大人の受検者には次のようなアドバイスが表示されます。

> 平均的な文を正確に読みこなす能力があります。ただし、修飾節が長くなったり、慣れない単語が頻出したりすると、文の構造を見失うことがあります。契約書や不慣れ

な仕事のマニュアルを短時間で正確に読むことに困難を感じる可能性があります。

一方、受検をさせた機関には、受検者の能力値以外にも、その受検者が属する集団（高校生ならば高校生、大人ならば大人）の中で、どのような位置にいるかの偏差値、各分野で何問を解いて何問正答したかの情報などの詳細なフィードバックがエクセルの巨大な表として返却されます。加えて、機関全体の受検結果の概要をまとめたものもフィードバックされます。各機関は、用途に応じて、そのエクセルを分析して活用しているようです。たとえば、企業の入社試験に課しているところでは、筆記入社試験、ＳＰＩやＴＯＥＩＣの点数、面接の点数とＲＳＴの能力値との相関を分析したり、それらの数値やバランスを参考にして合否を決めたりするようです。

受検をした中学生の85％くらいが「自分がどれくらい読めないかとても参考になった」と感じる一方で、「とにかく疲れた」「もう受検したくない」という感想もしばしば聞かれます。それくらい、一行一行考えながらきちんと読む、というのは疲れることなのです。逆に言えば、普段のテストでは、じっくり問題文を読まずに反射的に答えているのかもしれません。

ＲＳＴは学校ならば先生や教育委員会の指導主事に、企業ならば人事部の方たちにも受検することをお勧めしています。どういうテストなのかわからなければ、指導や研修に活かせないでしょうから。

すると、受検をした教員の多くが、こんな文句を言います。「(自分が担当している科目以外の)教科書の文章って変ですよね」数学の先生は、数学以外の教科書は非論理的だと言うし、社会の先生は「数学に書かれている日本語は、日本語じゃないですね」などと言う。でも、教員の多くが、生徒に対して「ほら、ここに書いてあるでしょう。もっとちゃんと読みなさい」と指導してきたし、今でも平気でそう指導しているんです。果ては、教科書を採択する立場にある教育委員会の指導主事までが「いやぁ、教科書って本当に読みにくいですね」と言い出す始末。

RSTは、新聞記事や比較的新しい法律(個人情報保護法など)も出典として使っていますが、記者や公務員も、似たようなことを言います。「(他紙の)記事って、日本語として読みにくいですよね」とか、「法律は、ふつうの人は読めないと思います」とか。ちょっと待ってください。どんな人も法律を「読める」ことを前提として、司法制度は運用されています。「法律を読めなかった」ことを理由に、罪を免れることはできません。ちなみに、判決文はあまりに日本語として読みにくいので、出題範囲からは外していますが、本来は原告や被告、そして一般市民から選ばれる裁判員が読んで意味がわかる判決文であることが望ましいと思います。

大学の先生に感想を聞くと、一番多いのは「僕が書いたものを出典にしてくれれば、こういう変な文章は出てこない」「むしろ新書を出典にしたほうがいい（僕も新書を出している）」です（苦笑）。

どなたも、自分の分野の文章、特に自分が書いた文章だけは読みやすくて、それ以外は「読みにくい」と思うようです。そして、自分が書いた文章を誤読する人に対しては「読解力がない」と嘲笑し、自分が読めない文章は「読みにくい文章」と非難する。これでは、議論がかみ合うはずもありません。

RSTは読解力のみを測っている

さて、少なからぬ教育関係者が「小中学校の学習内容を、知識として知っている高校生や大人は、読解力ではなく知識で解いてしまうのではないか」という疑問を持ちます。当然といえば当然な疑問です。こういうときに、本当にその仮説が正しいかどうかを大量のデータで科学的に示すことができる、ということが、実はRSTの最大の特長なのです。

図6-2は、RSTの問題の出典ごとにその難易度の分布を示した図です。[1] こういう図

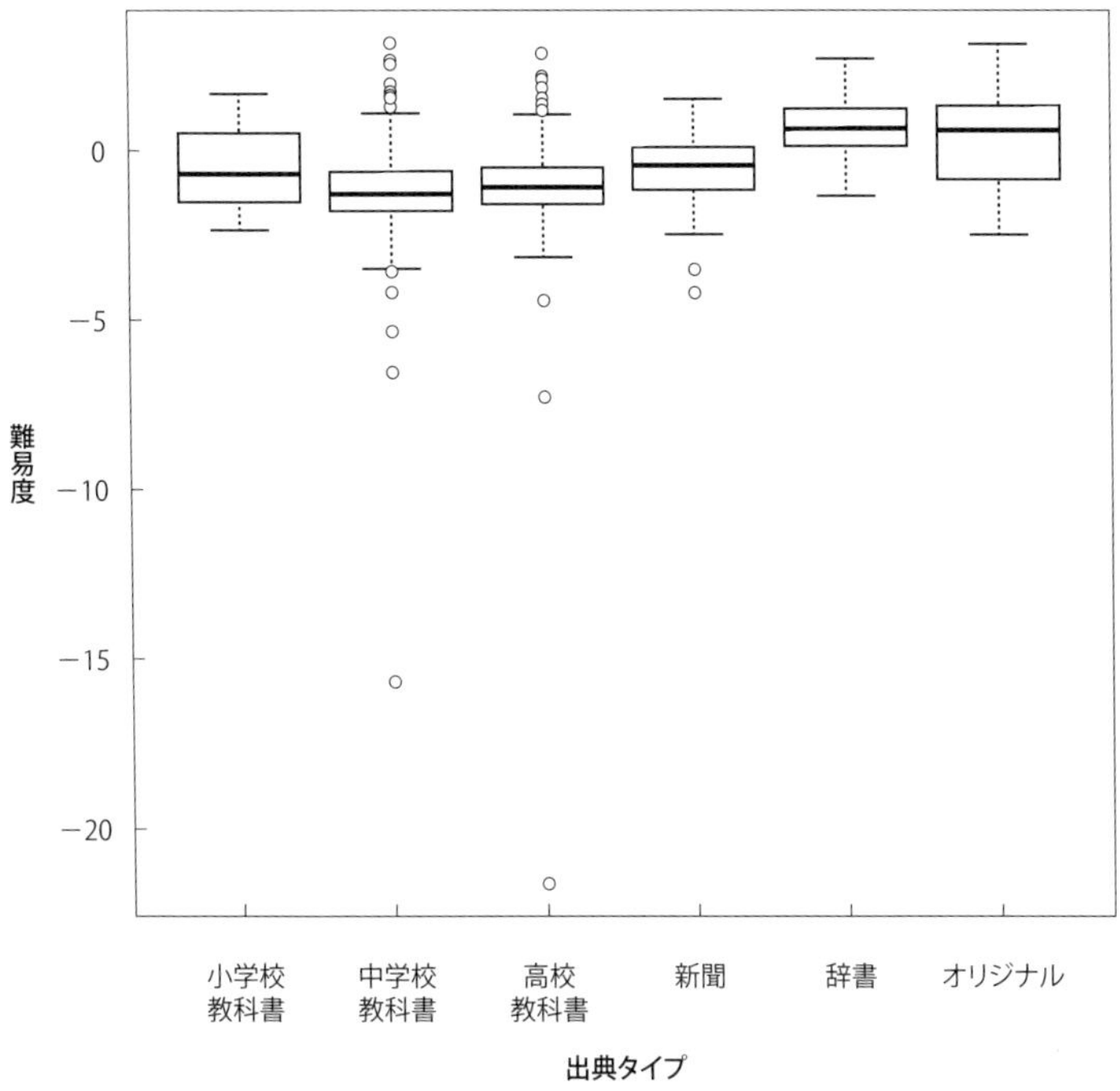

図6-2　出典タイプごとの難易度の分布

を「箱ひげ図」と呼びます。長方形の箱とその上下についている「ひげ」状のもので、出典である小学校・中学校・高校の教科書、新聞、辞書、オリジナル問題、それぞれの難易度の分布を示しています。中央の太い線は難易度の中央値です。そして、「ひげ」部分は、易しい問題から難しい問題までの分布の様子を示しています。小さな○は、はずれ値であるような問題です。もしも、先ほどの教員の仮説が正しかったとすれば、難易度は、小学校＜中学校＜新聞・高校、の順で並ぶはずです。

　でも、中央値を表す太い横棒の

高さや、難易度の分布を比べてみても、小学校・中学校・高校の教科書、新聞でほとんど差がないことがわかります。検定をしてみても、難易度の差はありませんでした。つまり、小学校の教科書出典の問題でも、新聞や高校の教科書出典の問題でも、難易度が変わらないようにRSTは巧みに設計されているのです[2]。

RSTは、学校で学ぶ知識とは切り離して、純粋に「読める力」を測ることに成功しているといえるでしょう。ただし、唯一の例外があります。それが、教員が自分の科目から出題されている問題を解くとき、です。第5章の分類で「知識で解いてしまう〈前低後高型〉：はずれ値①」とラベル付けされている群がそれです。数学の教員は、やはり具体例同定（理数）の問題はよく解けます。国語の教員は、具体例同定（辞書）の問題は得意です。にもかかわらず、推論やイメージ同定の能力値が低いようならば、それは知識で解いている証拠です。

RSTの能力値は、これからお話しするように、非常にインパクトのある指標なので、「誰の能力値がいくつだった」ということは個人情報の中でも今後重要な意味を持ってくるでしょう。ですから、RSTを提供している「教育のための科学研究所」では、個人情報は一切持ちません。受検はIDで管理をしていますが、そのIDと個人を突合できるのは、受検を申し込んできた機関（教育委員会や学校や企業）だけです。ですから、私自身は、

「どういう人がどういう能力値だった」ということは知り得ません。なので、エピソードは受検した機関で講演や指導をしに行ったときに聞かされることに過ぎません。ただ、やはりデータだけではわからない、次の研究のタネになるような話を現場から聞くことができて興味深いです。

そんなエピソードの一つに、こんな話があります。

実は、小学校には「1、2年生しか受け持ちたくない」と言い張る先生が相当数います。高学年の担任を受け持つことに躊躇しないのは、ある種の「ステータス」とさえ、みなされているそうです。それでは、校長先生は困るわけですが、無理に高学年を受け持たせて学級崩壊に至ればさらに困るので、結局1、2年生を受け持たせ続けたりします。

RSTの導入に伴って、教員もRSTを受検したある自治体が結果を分析したところ、1、2年生しか受け持たない先生の能力値が低かったというのです。高学年の教科書や、教員用の指導書を正確に読めないので、高学年を受け持つ自信がないのでしょう。あるいは、因果関係は逆で、長年1、2年生だけを教え続けた結果、読む能力が下がってしまったのかもしれません。

(1) 2017年度作成。当時難易度がわかっていた675問の問題から作成した図。
(2) 小学生には、知識がないと解きようがない問題は出題しない、などの配慮はしています。

私は、そういう先生やそういう先生を「放置」している学校を非難したいわけではありません。自信がないまま無理に教壇に立ったら、マニュアル通りの教え込みをしたり、意欲の高い生徒の質問を無視したり、個性的な解答に×をつけてしまうかもしれません。RSTを受検する経験を通じて、教科書を読めないことが、高学年を教えたくない原因だったと、本人が自覚するだけで一歩も二歩も前進だと思うのです。

教員には、1年次、2年次、5年次など、自治体によって受けなければならない研修があります。RSTを先進的に導入している自治体では、こうした機会を捉えて教員にRSTを受検させ、「どういうタイプの読みを苦手としているか」ということを意識させ、改めて教科書と向き合わせるような研修をしています。自分が「教えるのが不得意だな」と感じる教科書や、小学校の先生なら中学校の教科書、中学校の先生なら高校の教科書を見開き2ページくらいしっかり読んで、そこからRSTの問題、特に照応解決や推論の問題を作問して、互いに解かせてみたりするのも、よいでしょう。作った問題の解釈に複数通りあるとか、問題の設定そのものがおかしい、というようなことを他の教員に指摘されることを通して、「自己流の読みをしていた」と気づくことができるでしょう。

ＲＳＴの妥当性と信頼性

そもそもテストとは、ある対象に対して能力の有無や状態を何かの手段によって測ろうとする試みです。その結果は主として数値や段階（5段階、合否など）で表現されます。能力とは何か、ということは、教育学だけでなく脳科学や哲学まで巻き込むような深遠な問題です。そこをある意味、すっ飛ばして、とりあえず観察できるような形（ペーパーテストや面接）で数値化しようというのですから、必ずどこかに無理が生じます。ですからテストが嫌われるのはしょうがないと思います。

けれども、高校や大学に定員があり、また特定の職業に就くためには欠かせない知識やスキルがあり、教育機関が自己満足に陥らずに客観的な方法でその教育の成果を検証するには、何らかのテストが欠かせないこともまた否定できないことでしょう。

教育学には、「**テスト理論**」と呼ばれる一分野があります。そこではテストの妥当性や公平性、信頼性などを、主として統計や確率の手法を用いて科学的に研究しています。テスト理論の観点から見たときに、ＲＳＴはどうなのでしょう。

まず、ＲＳＴで測ろうとしているのは「基礎的・汎用的読解力」です。ＲＳＴで出題できるのは、事実について書かれた１７０文字程度の短文と簡単な図だけです。残念ながら

RSTでは、段落や文章全体を「読解」した上で、その内容を理解できたか、というような問題を出題することはできません。ですから、短文の正確な読解と、長文の読解が異なる能力ならば、RSTでは長文読解力は測れない、あるいは相関はあるが、RSTだけでは十分ではない、ということになるでしょう。また、文学作品の主人公の心情や、評論の書き手の意図を理解することが短文の正確な読解とは異なる能力ならば、RSTでは心情理解力や書き手の意図理解力は測れない、ということになります。

一方で、事実について書かれた短文を正確に読むことができないのに、なぜか事実について書かれた長文は正確に読める、ということは考えにくいですね。ですから、事実について書かれた長文の読解に欠かせない「基礎的・汎用的読解力」の重要な部分だとはいえるでしょう。

短文を正確に読めているかどうかを、試行錯誤の末、私たちは6分野7項目でチェックすることにしました。係り受け解析、照応解決、同義文判定、推論、イメージ同定、具体例同定（辞書、理数）です。公表していませんが、さらに細かい分類があります。たとえば、同義文判定だけでも3つの分類があります。各分類、各科目、各出典から偏りが生じないように、出題しています。

それでも、テストには「完全」ということはあり得ません。あとは、テストの性能と受検者の負担を秤にかけ、加えてテストで測った能力値が指標としてどれだけ有用か、という証拠を積み上げて、そのテストの意義を示す以外にはないのです。

私たちが一番気にしたのは、ＲＳＴの各分野の中で、問題の性質が一貫しているかということと、１分野数分程度、全体で35分のテストで十分な信頼性が保てるか、ということでした。

一貫性とはどういうことか、前著『ＡＩ vs. 教科書が読めない子どもたち』でも紹介した、2つの問題を例にとってお話ししましょう。

［仏教問題］
次の文を読みなさい。

仏教は東南アジア、東アジアに、キリスト教はヨーロッパ、南北アメリカ、オセアニアに、イスラム教は北アフリカ、西アジア、中央アジア、東南アジアにおもに広がっている。

この文脈において、以下の文中の空欄にあてはまる最も適当なものを選択肢のうちちから1つ選びなさい。

オセアニアに広がっているのは（　　　）である。

①ヒンドゥー教　②キリスト教　③イスラム教　④仏教

[Alex問題]

次の文を読みなさい。

Alexは男性にも女性にも使われる名前で、女性の名Alexandraの愛称であるが、男性の名Alexanderの愛称でもある。

この文脈において、以下の文中の空欄にあてはまる最も適当なものを選択肢のうちから1つ選びなさい。

Alexandraの愛称は（　　　）である。

①Alex　②Alexander　③男性　④女性

私たちはこの2つの問題を同じカテゴリーである「係り受け解析」に分類しています。ですが、仏教問題は中学校社会科教科書からの出題、Alex問題は中学校英語の教科書の註からの出題です。もしもこの2つを解くのにまったく異なる能力、たとえば、Alexandraという英単語を読めるかどうか、とか、オセアニアがオーストラリアを含む地域の名前だという知識を要求していたら、「文の構造を読み解く」という係り受け解析とは別の能力を測っている可能性があります。

こういうときに、テスト理論では「**一貫性**」というのを調べます。正確な方法論を知りたいという方向けに、一応、カッコ内に手続きを書きますが、一般読者の方は飛ばして読んで構いません。

（まず、各問題について項目応答理論における項目母数を推定します。次に、そこで得られた推定値をカテゴリカル因子分析モデルの母数に変換し、各項目の因子負荷量を問題タイプごとに平均します。そうして得られた平均的な因子負荷量の値を検討したのが表6-1です）

テスト理論の上では、この数値が0・3以上（できれば0・4以上）になると、「同じ構成概念を測定できている」と考えます。表6-1の数値はどれも0・3を大きく超えてい

表6-1　RSTの各項目の平均的な因子負荷量

問題タイプ	係り受け解析	照応解決	同義文判定	推論	イメージ同定	具体例同定（辞書）	具体例同定（理数）
平均的な因子負荷量	0.557	0.518	0.436	0.374	0.499	0.500	0.542

ます。そのことから、RSTの6分野7項目という分類は、恣意的なものではなく、「各分野とも、同じタイプのスキルをきちんと測れています」というお墨付きをもらえた、ということになるでしょう。

次に気になるのが、なんといっても信頼性です。選択式問題、特に、同義文判定は二択だったりしますから、まぐれで当てる受検者もいるはずです。2018年9月末時点までに有償版RSTを受検した6万5000人以上について「クロンバックのα信頼性係数」を計算した結果が表6-2です。

この信頼性係数は0・8程度あると良いと言われています。有償版RSTはその目安をクリアしていることがわかります。どうやら国語以外の科目のセンター入試と同程度のようです。ただ、センター入試の信頼性係数が高いのは、受験生がセンター入試を目指して準備をしてくる影響があるでしょう。準備もしないで解かせたRSTの信頼性係数がこれほど高いことに、私たち自身も大変驚きました。

このように高い一貫性と信頼性をキープしつつ、難易度が高いものから低いものまで数千問の問題からなる項目プールを構築できたのは、各分野について「推論とはどういうスキルか」「照応解決とはどのような能力か」とい

表6-2　有償版RSTの信頼性係数

問題タイプ	係り受け解析	照応解決	同義文判定	推論	イメージ同定	具体例同定
信頼性係数	0.843	0.818	0.766	0.815	0.786	0.863

うことを作問仕様として明確にしたこと、作問する人材の多様性を確保したこと、何段階にも及ぶ問題レビューを徹底したこと、そして何よりも、不適格な問題をチェックする仕組みを構築できたことによります。

不適格な問題には図6-3のようなものがあります。

これはＩＮＦ３６８というラベルがついている推論の問題の「項目特性図」です。推論ですから三択の問題です。Ｓとラベルがついているのは、この問題を解くことを諦めてスキップした受検者です。横軸が推論の能力値で、縦軸が正答率です。５６４人が解いた段階で正答率が17％しかありません。しかも、この問題の「正答」は２の「間違っている」のはずなのですが、推論の能力値が高い人ほど正答率が下がっています。むしろ選択肢３の「どちらともいえない」を選ぶ人が増えていく傾向があります。これでは良い問題とは思えませんから、なぜこういうことになったのかを検討し、問題を修正して出題し直したり、修正のしようがないと廃棄したりします。これまで学生アルバイトや現場の先生方の協力も得て１万５０００問以上を作問しましたが、人と機械による何重ものレビューを無修正で通った問題は、半分以下。このようにして不適格問題が出題されることを防止しているのです。

図6-3　不適格な問題の例

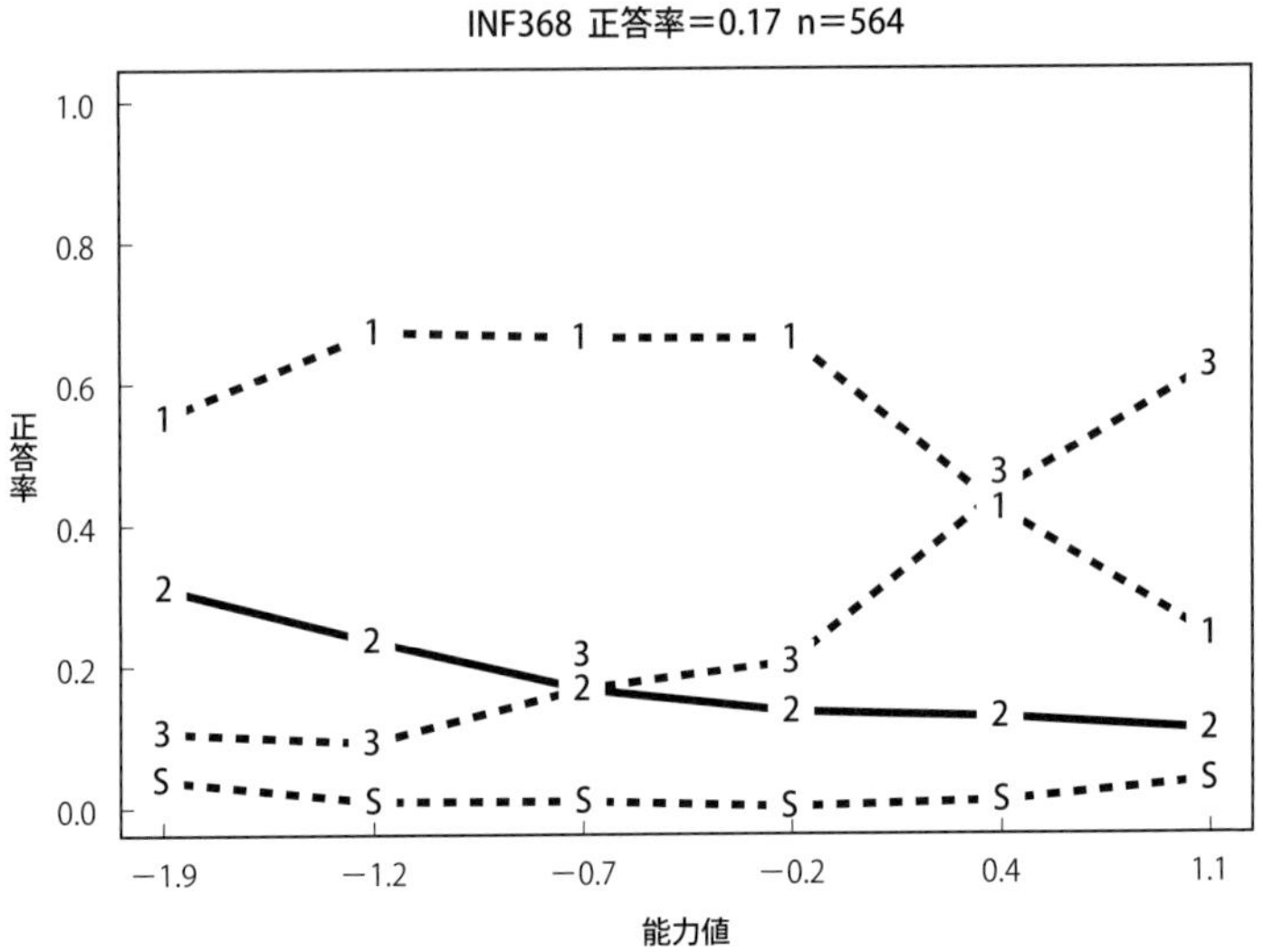

RSTの「予知能力」

さて、RSTが「読解」に関連して、何らかのスキルを高い一貫性と信頼性で診断できたとしても、私たちはまだそれを「基礎的・汎用的読解力を測れている」とまでは言えません。それに加えて、この能力が高ければ多様なタイプの文章をスラスラと正確に読むことができ、逆にこの能力が低ければ読むことに苦労するという証拠を示す必要があります。

最初、私たちは受検した生徒に「教科書を読めていると思うか」ということをアンケートで尋ねました。すると、RSTの結果の如何によらず圧倒的多数の生徒が「自分は教科書を読めていると思う」と答えたのです。次に、「読書は好きか」ということも尋ねました。それも

表6−3　高校の偏差値とRSTの正答率との相関係数

問題タイプ	高校偏差値.net（N=51）	家庭教師のトライ（N=49）
係り受け解析	0.859	0.822
照応解決	0.875	0.836
同義文判定	0.849	0.822
推論	0.864	0.835
イメージ同定	0.857	0.841
具体例同定（辞書）	0.840	0.836
具体例同定（理数）	0.816	0.827

RSTの能力値と相関はありませんでした。

けれども、とある県で調査をした10校余りの高校のRSTの結果をまとめているときに、私は気づいたのです。各校の偏差値とRSTの正答率がきれいに相関していることに。そこで、それまでにRSTを実施したすべての高校の偏差値を調べてみることにしました。高校偏差値.netと家庭教師のトライがネット上で高校の偏差値を公開しているのが役に立ちました。高校の偏差値とRSTを受検した高校のRSTの能力値の平均との間で相関を取った結果が表6−3です。RSTを受検した全国の高校のうち、高校偏差値.netと家庭教師のトライから偏差値を入手できた高校の数をそれぞれNで表しています。

すべての項目で相関係数が0・8を超えています。「成績が良いのだから教科書が読めて当然だろう」と思う人もいるでしょう。当然そういう「傾向がある」ことは予想していました。しかし、0・8を超える相関係数というのは、RSTの能力値で入学できる高校の偏差値がほとんど決まってしまう、というくらいの高い相関なのです。しかも、中学・高校では、RSTの能力値と学年の相関がほとんどないことがわかっています。高校は完全に無相関、中学でも0・1程度しかありません。つまり、「何も対処をしないと」中学1年入学時のRSTの能力値から、その生徒が3年後にどの偏差値の高校に入学可能か「予知」できてしまう、ということをこの数字は物語っているのです。

ですが、RSTは、単に教科書や新聞から短文を抜き出して、そこに答えが書いてあることを選択式で答えさせるテストです。一方、高校入試では、英語ならば英単語や文法などの知識、数学ならば連立一次方程式を解くスキル、国語ならば長文を読んで作者の意図理解など複合的な能力が求められるはずです。それらが「事実が書いてある短文を正確に読む」という能力とたいして関係がないのなら、これだけ高い相関が出るのは、不思議なことです。

表6−4は、高校1、2年生が全数調査に協力した、4つの高校のRSTの正答率の比較（小数点以下、切り捨て）です。

A高は、毎年、東大も含めて旧帝大に100人以上の合格者を出している高校です。B高は地域を代表する伝統公立高校ですが、近年じりじりと進学実績が下がり、今は旧帝大に年間2、3人進学できるかどうかという高校です。そういう高校は全国各地にあります。

表6-4　ある4つの高校のRST正答率の比較

	高校平均		A高（公立）		B高（公立）		C高（私立）		D高（公立）	
	高1	高2	高1	高2	高1	高2	高1	高2	高1	高2
係り受け解析	80.4	81.3	94	94	83	83	72	71	41	62
照応解決	82.1	81.8	96	96	81	80	72	71	42	50
同義文判定	81.6	80.4	88	89	78	79	79	77	59	53
推論	63.8	64.6	77	75	61	62	59	60	44	45
イメージ同定	52.4	53.0	72	70	58	56	30	32	20	29
具体例同定	38.8	36.2	54	56	48	47	54	52	20	14

かつては、学年から東大入学者を2桁出していたこともある松本深志高校、津高校、松江北高校、丸亀高校、福島高校、といった伝統校の東大合格者がめっきり減りました。また、2018年度、東北大学への進学者の都道府県別第1位が東京都になりました。それまでは地元宮城県が不動の1位だったのに。すべての高校生に東大を含む旧帝大を目指してほしいわけではありません。旧帝大合格者数は、その高校だけでなく、その地域の教育力指標になるので注目しているのです。地方の伝統校が輝いていることは、地方の教育力が豊かで、人材を輩出でき、地方経済が回っている一つの目安にもなります。C高は中堅私大の附属中高一貫校、そしてD高は地方のいわゆる全入校（受験すればほぼ入学できる学校）です。

では、各校の成績を比べてみましょう。A高の係り受け解析と照応解決の平均正答率は90％を大きく超えています。思春期の高校生ですから、「RST？　めんどうくさい。そんなものに付き合うもんか」と思い、全部適当に答えた、というような生徒もいるはずです。にもかかわらず平均正答率が96％ということは、大量の問題をほぼ全問正解した生徒が大多数だったということでしょう。そのA高でさえ、具体例同定の平均正答率は54％に留まっています。つまり、エリート予備軍である高校の生徒でも、定義を読む力が十分に備わっていないことを示しています。さて、B高はA高に比べて、ほぼすべての項目でだいたい10ポイントずつ平均正答率が低いことがわかります。C高は、「特進クラス」（大学合格実績を上げるためのクラス）と、それ以外のクラスとの差が大きいことが特徴でした。ちなみに、エスカレーター式で系列大への進学は基本的に保証されている学校です。D高は、受検した生徒の半数以上が各項目で「サイコロを転がして当てるのと変わりない程度」にしか正解していません。高校の教科書以前に、小中学校の教科書が読めないまま卒業してしまったのだと思うと心が痛みました。

実は、この表には、私はある強烈な思い出があります。これはA高で講演をする際に準備したスライドの一部なのです。講演が終わった後、A高の有志の生徒たちとディスカッションの時間を持ちました。その中で、ある女の子がこう言ったのです。「私は今日まで、自分はたまたま勉強が好きなタイプだからこの高校に入学したのだと思っていました。中学の同級生の中には、私ほど勉強が得意ではないけれど、いい子がいっぱいいました。別のことに関心があるからそれぞれの道を進んだんだと思っていたけど、実は彼らが『教科書が読めないせいで選べる進路が狭まっていた』のだとしたら、あまりに理不尽です。どうして、全員が教科書を読めるような教育を小中学校できちんとやってくれないんですか?」と。なんと聡明でしかも責任感の強い17歳なのでしょう。私も彼女とまったく同意見です。

A高の入試にしても、東大の入試にしても、日本の一般入試は、学習指導要領が定めた範囲から出題されます。そして、その内容は検定を経た教科書さえしっかりと読んで理解できていれば突破できるように設計されています。けれども、(アンケート調査でわかったように)圧倒的多数の生徒は「自分は教科書は読めている」と思っていますが、実は読めていないのです。その主観的評価と客観的評価の差に、「読めるとは何か」ということの本質があるのだろうと思います。

RSTから始まる「教育のための科学」

私が所長を務める「教育のための科学研究所」が、RSTというサービスを開始して、約1年。この間、それまでの3年間の準備期間を大幅に上回る14万人以上がRSTを受検しました。自治体内のすべての学校で小学6年生から中学3年生まで全員が受検をするために予算を確保した自治体も続々と出ています。ただ、自治体では、エクセルはある程度使えるけれど、統計を駆使してRSTの結果を「活かす」ところまではたどり着けないことが多いようです。そこで、地元の大学から協力を得て、RSTで診断する基礎的・汎用的読解力が何と関係しているのか、定期テストの結果や独自のアンケートなども用いて分析する自治体も出始めました。

そうした自治体の研究成果を聞く中で、どうやらRSTの能力値は中学3年生の「**学テ**」の成績と中程度(0・4から0・6)程度の相関があるらしいことがわかってきました。学テとは、文部科学省が毎年、小学6年生と中学3年生に対して実施している「全国学習状況調査」のことです。

学テは、都道府県ごと自治体ごと、また学校ごとの平均点がフィードバックされ、特に都道府県の順位を新聞が必ず一面トップで報道しますから、自治体の首長と教育長は毎年その順位発表を祈るような気持ちで待つといいます。本来、学テの目的は、児童・生徒の普段の状態を調査することにありますが、自治体間競争が過熱した結果、一部の自治体では学テ対策ドリルなどをさせているところも残念ながらあるようです。ただ、それは主として6年生の話で、中学3年生になったら、高校受験の内申点に直結する中間テストや期末考査がありますし、部活など関心も広がるでしょうから、6年生よりは「実力」がそのまま反映されるのではないかと思います。中学3年生の学テは数学・国語・理科または英語の3科目です。RSTは「読解力」を測るので国語とだけ相関すると考える人や、（私が数学者なので）数学とだけ相関すると考える人がいますが、そんなことはありません。自治体によって少しずつ結果は違いますが、どの科目の成績もRSTの能力値と中程度の相関が見られるようです。

中間テストの結果との相関を調べた自治体もいくつかありました。相関があった、というところとなかったというところがあります。中間テストは、学テと異なり、それぞれの学校の教科担任の先生が作問しているので、統一的な結果が出ないのはある意味当たり前だといえるでしょう。しかし、とある自治体で「中間テストの理科と社会と家庭科の結果とRSTの能力値は無相関」という結果が出たのには驚きました。

まだはっきりとした結果が出ていないので、仮説段階であることをお断りした上で、以下、私の「見立て」を書いておきたいと思います。

まず、前提を確認しておきましょう。すでに十分なサンプル調査から科学的にわかっていることとして以下の6つが挙げられます。

1. 高校のRST能力値の平均とその高校の偏差値には極めて高い相関がある。
2. 中学生は学年が上がるに従ってRSTの能力値が全体としては上がる傾向があるが、分散が大きすぎるため、相関係数は0・1程度に留まる。
3. 高校生では、全体としても個人としても、RSTの能力値が自然に上がるとはいえない。
4. RSTは知識を問う問題ではない。純粋に短文を正確に読める能力を問うている。
5. 中学生では個人のRSTの能力値と学テの成績には中程度の相関がある。
6. 中学生の学校外での学習時間（自己申告）とRSTの能力値に相関はない。

学テは初夏に実施されます。中学3年生の受験勉強がまだ本格化していない時期です。部活に一所懸命で、普段の勉強がおろそかになっている生徒も少なくないことでしょう。

各科目の知識も問う学テと、短文を正確に読む力だけを問うＲＳＴの能力値の相関が中程度に留まるのは当然のことだろうと思います。けれども、２学期になり、クラスの大半が受験勉強に向かい合うことになったとき、教科書や参考書が読めなければ大きな障害になります。推論能力が低ければ、勉強していても自分の理解で合っているのかどうかが、わかりません。同義文判定の能力値が低ければ、答え合わせすら、満足にできません。「ほとんどの生徒が高校受験に向かって勉強する」という状況を数カ月経た結果、ＲＳＴの能力値が、入学し得る高校の偏差値をほぼ決定してしまうのでしょう。

では、なぜ高校受験と同様に生徒全員が取り組む中間テストの成績との相関がほとんどない、という状況が起こり得るのでしょう。中間テストは入試に比べて出題範囲が極めて限定されています。それに、テストの問題を出題する人は、授業を受け持っている先生です。ということは、普段の授業で配布されているプリント類から主として出題されることになります。特に、（本来はそうではないのですが、学校では）暗記科目とみなされている社会科や理科などでは、その傾向が強いでしょう。教科書の重要語を蛍光ペンでマークして何度も覚える、もっと手っ取り早い方法として、先生が配布したプリントをコピーした上で、穴埋め部分を当てられるまで繰り返す——そのような勉強法でも、それなりの点数を取れてしまうのかもしれません。ただし、ＡＩと違って人間が記憶できる量と正確さには限りがありますから、この方法で高得点が狙えるのは、中間テストのように範囲が狭いテストに限られ、学年末テストや入試では効果が出にくいと考えられます。

穴埋めプリントを作るのは、多忙な教員にとっては、本来ならばしたくない仕事です。けれども、彼らは「学習の手助けになればよいと思って」、長時間労働になるのを覚悟の上で、穴埋めプリントを作っています。そして、実際、そのほうが小テストや中間テストの点数が良くなる。生徒も保護者も喜ぶ。加えて、生徒同士が話し合ったり、意見を述べたりするアクティブラーニングが近年重要視されるようになり、それに充てる時間を捻出しなければならなくなったはずです。すると、板書を写させるよりも、ノート代わりにプリントを配布させるほうが、効率が良い。こうして全国に穴埋めプリント学習が広がっていったのでしょう。

結果的に、それが生徒の読解力を下げた、とは考えられないでしょうか。私のこの見立てが正しければ、「新しい時代の教育」として文部科学省がアクティブラーニングを強調し、教員がよかれと思ってプリント作りに精を出した結果、プリントに頼り、ノートが取れず、教科書が読めない生徒を増やした可能性があります。

入試は「暗記」か？

先日、講演会でこんな質問を受けました。

「先生は読解力が重要だ、と主張していますが、大学入試では暗記が重視されます。大学入試を変えないと、読解力が上がる世の中にならないのではありませんか？」と。同じように「日本の『詰め込み教育』をやめない限り読解力は向上しない」とのご意見もありました。

いいえ。それはデータ上、正しい解釈とはいえません。

これまで見てきたように、基礎的・汎用的読解力が身についているか否かで、入学し得る高校の偏差値はほぼ決まります。大学入試もほぼ同様との結果が得られつつあります。しかも、RSTの能力値は、学校外での学習時間とは相関がありません。つまり、マスコミが喧伝してきた「入試は暗記地獄」「詰め込み教育が子どもをダメにする」というのは、データに基づかない印象に過ぎなかったということです。

それでも、自分は役に立つとは思えない歴史の人物名や数学の公式の暗記に、青春の多くの時間を費やしたという実感を持つ方が多いのもまた事実だろうと思います。なぜそのようなことが起こったのでしょう。

たぶん、「入試が暗記を求めるから、暗記をする」のではありません。「入試は読解力を求めているのに、読解力が不足している人は（ＡＩと同じように）暗記に走らざるを得ない」というのが事の真相ではないでしょうか。

実際、私の友人には、「ほとんど勉強はせずに東大に入った」とか「世界史では満点以外取ったことがない」という人が何人もいます。「だって、問題文を読んだら、答えがそこに書いてあるから」「物事は起こるべくして起こり、歴史はその蓄積だから」と。これは極端な例でしょうが、読解力とはそれくらい強烈な力なのです。でも、読解力のない人は、「読解力がある状態」というのを体験したことがないので、そういう人を「頭のいい人」と特別視して除外した上で「入試は暗記重視だ」と思い込んだ、というのが数万人のＲＳＴの結果の最も整合性のある解釈でしょう。

ただ、全体の読解力が低下していき、多くの生徒が暗記に走れば、「読解力を求める問題」ばかり出題していては、ほとんどの受験生が解けません。皆が解けないと、入試はその機能を果たせなくなります。いくら東大といえども年間３０００人は入学させなければなりません。誰も解けない問題ばかり出題したら、二次試験全体の合計点が４４０点なのに、平均点が50点くらいになってしまうかもしれません。これでは、入試として成り立ちません。大学側は譲歩せざるを得ず、数学ならば「証明問題は少し減らして、真面目に計算すれば解ける問題も出題しておこう」というようなことになります。実際に、旧帝大のいくつかでは、10年以上前から証明問題を出題できない状態に陥っています。

一方、前述した通り、入試の検定料が私大の経営の大きな基盤です。「何度もチャレンジさせる」といえば聞こえは良いですが、そうやって何度も検定料を取ることで、都心に豪華なタワー校舎を建てています。ここ20年くらいの間に「多様な」入試が登場しました。AO入試、一芸入試、アラカルト方式……「1科目でもとてもよくできれば入学させる」というようなタイプの入試も出現しました。しかも、低コストで入試を実施するためのマークシート方式が主流です。その結果、1科目の暗記にすべての時間を割くという受験対策で有名私大に合格する受験生も現れました。その合格体験記を読んで「それはいい！」と追随する後輩も出現するわけです。

つまり、「入試において暗記が意味を持ってしまう」のは、第一に読解できない受験生が多く、読解できないと暗記に走らざるを得ないから、加えて、少子化の中で、暗記でも入学できてしまう有名大学が出現したから、なのです。

「基礎的・汎用的読解力」を身につけた上で、さらに段落単位、そして文章単位、さらには科目横断的な読解力を身につけて、平常心で臨むのが、結局一番コストがかからない確実な受験対策だと、私は自信を持ってお勧めしたいと思います。

日本だからこそ生まれたRST

ＲＳＴの研究を始めてから、最もよく聞かれる質問があります。それは「海外でも同様に読めない人が多いのですか？」「アメリカなどの先行研究の状況を教えてください」というものです。

日本人はなぜか優れた研究はすべて欧米が発祥だと思うようですが、ＲＳＴは世界で初めて考案された日本オリジナルの日本発のテストです。

そう言うと、「なんだ、新井さんが勝手に開発して、成果を言い張っているだけなのか」と思う方もいるでしょう。ですが、その「批判」は科学的に否定されたと言ってよいかと思います。これまで解説したように、まさに欧米で蓄積されたテスト理論の様々な方向から検討しても、妥当で極めて精度が高く、読解力以外の要素を排除したテストになっていることが示されたからです。

ただ、このテストが日本で生まれたことは、私の功績というより、日本の教育の特殊性による必然だったと思います。どの先進国にも、日本でいうところの教育基本法や学校教育法のようなものは、あります。けれども、義務教育についてここまで細かい学習指導要領を定めていて、教科書を無償配布する代わりにその内容を検定する国はそれほど多くありません。アメリカなどは州や学区の自由裁量が極めて大きく、聖書が無謬だと考えるファンダメンタリストが多い州では、(違憲判決が出たにもかかわらず)進化論に極力触れない学校も少なくありません。そうすると、RSTの「推論」が求めるような、「小学6年生までに培われるであろう常識」という前提自体が崩れてしまうでしょう。現段階では日本は移民政策に消極的な国なので、(徐々に日本語が母語ではない生徒が増えてはいますが)圧倒的多数の生徒も保護者も先生も、日本語を母語として育っています。

教科書を出版している会社は日本ではいくつもありますから独占事業ではありません。けれども、その内容は学習指導要領と教科書検定の制約を受けているので、大きなばらつきはありません。しかも、飛び級も落第も、義務教育にはありません。どの漢字をどの学年で学ぶかも、定められています。そして、主に高校と大学、あるいは中学と大学という2回のペーパーテストでスクリーニングが行われます。しかし、ヨーロッパには個別大学入試がそもそもないという国もあります。一方で、アメリカのように、授業料を多く払えば有名大学であっても比較的容易に入学できる国もあります。

日本のような「公平で統制が取れた教育制度と極めて厳格な大学入試制度を維持している国」は、他にはほとんど存在しないのです。

もしRSTをアメリカで作ったら、マサチューセッツ州とアーカンソー州とユタ州の、公立学校で学ぶ既習知識をコントロールできないので、マサチューセッツ州の平均読解能力値がユタ州のそれよりも高かったとしても、それが移民割合のせいなのか、所得の差なのか、教科書のせいなのか、ファンダメンタリストが少ないからなのか、教員の質の差なのか、あまりに統制が取れない条件が多すぎて、私たちの調査ほどくっきりした結果は得られないだろうと思います。

一つだけ、ＲＳＴとは違う方法ですが、やはりＡＩ時代に、現在の大人の読解力ではまともな職業に就けないのではないか、生産性が頭打ちになるのではないか、との危機感を持って調査をした国際機関があります。それはＯＥＣＤです。ＯＥＣＤといえば、15歳のリテラシーを測るＰＩＳＡ調査で有名です。３年に一度のＰＩＳＡ調査では、日本が読解力・数理リテラシーなどの各部門で世界何位だったかを新聞が一面で報じます。文部科学省も経済界もその結果をピリピリしながら待つようです。そのＯＥＣＤが読解力や数理的能力など成人のスキルを測るために考案したのがＰＩＡＡＣ（国際成人力調査）です。そのＰＩＡＡＣの第１回目が２０１１年から12年にかけて世界24カ国で実施されました。このＰＩＡＡＣを主導したのが、ＰＩＳＡ調査で一躍名を挙げたＯＥＣＤのシュライヒャー博士です。

２０１８年に彼が来日したときに、ＲＳＴの話をしました。そのときの感想を同席した文部科学省の方から聞く機会がありました。「シュライヒャーがあんなにムキになるのを見たことがない」と。

　ＰＩＳＡ調査もそうですが、ＰＩＡＡＣの問題は作問に非常な手間がかかります。まず、一問一問が長い。その結果、出題できる問題数が少なくなります。また、一つの問題で多角的な力を測っています。そういう問題の良さはもちろんあります。

　一方で、テスト理論の観点から見ると、一貫性や信頼性を保つことが難しくなるのです。日本の順位が下がったとして、それは日本の生徒の読解力が下がったのか、他の国の読解力が上がったのか、判断がつきません。そういう意味で、全員が少ない同じ問題を解くＰＩＳＡ調査やＰＩＡＡＣはお金がかかるわりに、それだけでは教育に対して得られる示唆が少ないことが課題だと言えるでしょう。

　それに対して、ＲＳＴの問題は作問コストが非常に低い。そして何千、何万の問題から成る項目プールを作ることができます。その中から、受検者の能力を確実に推定するために最も適切な問題を出題することができるのです。ＲＳＴでは、著作権処理に応じてくださった教科書会社や新聞社などに毎年結果をフィードバックし、特に中高校生の正答率が低かった問題について、「この文章は大多数が読めない」という事実を伝えるようにしています。

　64ページのQ.15（レベル難、推論）はその一例です。この文章は小中学生向けにニュースを解説する『月刊Ｎｅｗｓがわかる』（毎日新聞出版、２０１７年７月号）という雑誌からの引用で、作問者は私です。小中高校生ではあまりに正答率が低すぎて難易度が決まりませんでした。教科書が比較的よく読める高校生でも、この文は読めなかったのです。

本文は、図やグラフなども用いて説明していますし、前後の文脈もありますから、この文章だけで読ませるわけではありません。が、記者にとっては、当然読めるはずと感じている文が読者に正確に届いていない可能性が高いことを、この問題は示唆しています。

問題を振り返ってみましょう。世界の難民・国内避難民の総数は約６５３０万人です。難民は約２１３０万人とありますから、国内避難民の数のほうが多いことがわかります。おおよその暗算をするのが苦手だと辛い問題です。ただ、この問題にはもう一カ所、つまずきやすい部分があります。それは、「このうち、国境を越えた難民は約２１３０万人で」という新聞や社会科学系でよく見られる言い回しです。

この文には二通りの読み方があります。一つは「国境を越えた難民と国内に留まった難民がいる。国境を越えた難民は約２１３０万人である」という読み方です。もう一つは「国内に留まったら国内避難民、国境を越えたら難民と呼ばれる。難民の数は約２１３０万人である」という読み方です。第三文だけ提示されたら、どちらの読みが正しいか判断できません。けれども、第一文冒頭に「世界の難民・国内避難民」とあることから、国内に留まったら国内避難民になる、だから、後者の読みが正しい、と読ませる文章です。

この提示文から「国境を越えた」を取り除いたら、正答率は高くなるでしょう。けれども、それでは、難民とは何か、という情報を伝えられなくなります。限られた紙面で少しでも多くの情報を伝えるメディアで工夫され、定着した言い回しの一つです。

この事実を前にしたとき、当然2つの異なる意見があると思います。「教科書も新聞も紙をやめて、マルチメディア化することで、誰にでも伝わるような工夫をすべき。文字数制限を気にせずに、誰もが読める平易な文章にしたほうがよい」という意見と、「動画で伝えられることこそ限界がある。だいいち抽象概念は動画では伝えられない。錯綜した事実関係をドラマ仕立てで伝えても、『よくわからない』と諦めてしまう視聴者も増えている。やはり、小中学校段階で複雑な文を自力で噛み砕いて読めるようにならないと、本人も社会も困るだろう」という意見です。

どちらの言い分にももっともなところがあります。そもそも「言葉」は生き物なので、時代とともにスタンダードが変化します。こういう文を出題してみることで、読めて当然なのか、誤読する人が多数派なのか、定点観測していくこともＲＳＴの使命の一つだと考えています。

RSTという枠組みの「威力」

さて、RSTという枠組みはできました。今、小学6年生から社会人まで、1カ月に約1万人が受検しています。問題は数千あります。そして、データは年々増えていきます。これはもう「プラットフォーム」だと言ってよいでしょう。

これで様々な仮説をすぐに検証できる準備が整いました。

たとえば、こんなことがありました。哲学者の野矢茂樹さんと対談したときのことです。野矢さんは仏教問題（131ページ）について、「あの文は、3つの文に分けたら正答率が上がるんじゃないか」と言うのです。実は『AI vs. 教科書が読めない子どもたち』が出版されて以降、そこに掲載したいくつかの問題について、「こう書けば読み間違えないはずだ。（だから教科書の書き方がよくない）」とか、「元の文が『です・ます調』なのに、『である調』に書き換えたから小中学生は解けなかったのではないか」などのコメントを様々な方からいただきました。

こういうとき、私たちは、その仮説が正しいか否か、すぐに調べることができます。野矢さんが提案した書き方で出題してみて、元の問題と正答率や難易度を比べればよいのです。

［仏教問題パート2］

次の文を読みなさい。

仏教は東南アジア、東アジアにおもに広がっている。キリスト教はヨーロッパ、南北アメリカ、オセアニアにおもに広がっている。イスラム教は北アフリカ、西アジア、中央アジア、東南アジアにおもに広がっている。

この文脈において、以下の文中の空欄にあてはまる最も適当なものを選択肢のうちから1つ選びなさい。

オセアニアに広がっているのは（　　　　）である。

①ヒンドゥー教　②キリスト教　③イスラム教　④仏教

元の仏教問題の正答率は63％でした。一方で、野矢先生が提案した書き方の場合、

1700名超が解答した段階で正答率が84％になりました。つまり野矢先生の仮説は正しかったわけです。それ以外にも、「地の文に出てくる読点『、』と地域の区切りで使用する読点『、』が同じなのが読みにくい。地域のほうは中ポツ『・』で区切ったほうがよいのではないか」という意見もありました。

［仏教問題パート3］

次の文を読みなさい。

仏教は東南アジア・東アジアに、キリスト教はヨーロッパ・南北アメリカ・オセアニアに、イスラム教は北アフリカ・西アジア・中央アジア・東南アジアにおもに広がっている。

この文脈において、以下の文中の空欄にあてはまる最も適当なものを選択肢のうちから1つ選びなさい。

オセアニアに広がっているのは（　　　）である。

①ヒンドゥー教　②キリスト教　③イスラム教　④仏教

実際にそうしてみたところ、正答率は67％で多少は上がりましたが、有意に読み易くなったとまでは言えませんでした。このように正答率や難易度などの複数のパラメータを分析することで、「こう書けば誤読しないはずだ」という仮説が正しいか否か、作問をして数カ月放っておくだけで結果がわかるのです。

こんな風に大規模なランダムサンプルの上で、特定の仮説が正しいか否かを自動検証できる教育プラットフォームは、世界中のどこを探してもありません。文部科学省であってもできません。紙で実施する学テは、コストがかかりすぎて、「試しに半数には類似問題を解かせてみて結果を比較する」などということはできないのです。それに、学校や自治体がベンチマーキングとして活用しているので、「同じ問題」であることにこだわりますから、そんな実験はできないでしょう。当然、センター入試でもできません。3年に一度行うのが予算的に精一杯なPISAやPIAACにも無理でしょう。それ以前にPISAはその出題の形式や環境から、こういうことはしようと思ってもできないはずです。

野矢先生に上記の結果をメールでお伝えしたところ、「教師が勘でやっていたところを数値化して明確な方法論を作っていくというのは、経験の浅い教師だけではなく、すでに自分の直観を持っている教師にとっても重要なことと思います。それ以上に、こんなふうにフォローしてくるというのは、誠実さというか、いや、ほんとに頭が下がります」との返信をいただきました。さすが野矢先生、プラットフォームとしてのＲＳＴの意義をわかってくださる、とうれしくなりました。「教師が勘でやっていることが、本当に正しいのか」「中央教育審議会の委員が主張する教育政策は、本当に妥当なのか」、誤った教授法や教育政策が広がったり、実現されたりする前に、科学的に検証をする——それが、まさに私がＲＳＴというプラットフォームを使って、まずはやりたかったことなのです。その第一段階の準備は整いました。

一方で、ＲＳＴの膨大なデータを前にしても、事実について書かれた短文を正確に読めない人たちがいる、ということを、頑なに否定し続ける識者がいるのは、残念なことです。ＲＳＴを「若い世代を批判するためのツール」と受け止め、義侠心にかられたのかもしれません。ですが、ＲＳＴは小学6年生以上のすべての人々に開かれた診断テストです。

感情的にならずに、落ち着いて思い出してください。私のように公立小中学校に通った経験のある人は、「ふつうに読めばわかるはず」の質問に答えられなかったり、「教科書から該当箇所を抜き出すだけでよい」ような課題をこなせないクラスメートがいたりしたことに思い当たるでしょう。周囲を見渡せば、中学校に入学した途端に、理数系がさっぱりわからなくなった、という知人もいることでしょう。

ＲＳＴはそういう生徒を早期に発見し、どんな科目の教科書も読めることを保証する公教育を目指すための取組みです。基礎的・汎用的読解力の有無は、生徒の未来を大きく左右します。調べれば調べるほど、そのことは確実になっています。

公教育が何のために存在しているかといえば、それは、出自や生育環境の差から不可避に生じる格差を埋め、憲法が保証する「法の下の平等」に魂を入れ、その能力を活かして労働し納税し、民主主義に参加する担い手を育成するためです。だとすれば、（やむを得ない事情のある生徒を除き）すべての生徒が基礎的・汎用的読解力を身につけることは、公教育の達成すべき当然の目標の一つでしょう。

そして、今後、海外にルーツをもつ生徒が増えれば、そのニーズはさらに高まるはずです。「こんな文章は、注意すれば誰もが読めるはず。読めなかったのは注意が足りなかっただけ」という決めつけは、読めない生徒の存在を否定し、読めないことに起因する問題を矮小化する言説でしかありません。

もう一つ、ＲＳＴからわかった意外なことをご紹介しましょう。それは「ルビをふっても『読める』ようにならない」ということです。ＲＳＴには問題にルビをふる機能がついています。小中学校の先生が「出てくる語彙が難しすぎる。ふりがながないと小中学生は読めない」と盛んに言うので、そういう機能を付けたのです。そして、小中学校一校ずつで、半数にふりがなつき、半数にふりがななしでテストをしたところ、統計的には正答率に差がないことがわかったのです。[3] 想定外の結果に驚き、現在、大規模な追試実験を準備しているところです。有用だと広く信じられていることが、本当に有用なのか否かをデータで示していくことこそが、これまで教育のために欠けていた科学ではないでしょうか。

２０１９年４月から「デジタル教科書」の使用が解禁になりました。その重要な機能の一つが、ふりがなをつけることができる、というものです。もちろん、ふりがなによって、未知の語彙の読み方を覚えられるのは意味のあることでしょう。ですが、読み方（音）がわかっても、それは「読んでわかる」ことの助けにはあまりなりそうにないようです。

(3) Evaluating Reading Support Systems through Reading Skill Test, Teiko Arai, Kyosuke Bunji, Naoya Todo, Noriko H. Arai, Takuya Matsuzaki, In the Proceedings of the 40th Annual Cognitive Science Society Meeting（CogSci 2018）, pp.100–105.

第7章

リーディングスキルは上げられるのか？

リーディングスキルテスト使用上の注意――「練習しないでください」

前作『ＡＩ vs. 教科書が読めない子どもたち』の読者から最も多く寄せられた「要望（苦情）」は次のようなものです。

――この本を読んで、日本人の読解力が大変なことになっていることは理解した。だが、この本には処方箋が書かれていない。どうすれば読解力が上げられるかわからないのに、「読解力が大変だ」と言われても途方に暮れる。――

気持ちは、わかります。けれども、よく考えてみてください。

ある人が、「なんだか朝から体がだるく、何もする気が起こらない」と困っているとします。そんなとき、「これを飲めば、必ず治る」という薬や「これを試せば、必ず改善する」という健康法を紹介する者がいたら、十中八九、詐欺だと思ったほうがいいです。なぜなら、体がだるくて何もする気が起こらない理由には、風邪や更年期障害、うつ病、糖尿病、場合によっては癌など様々な原因が考えられるからです。どう考えても、風邪と糖尿病に同じ薬や健康法が有効だとは思えません。むしろ、本当は糖尿病なのに風邪薬を飲み続ければ害があるでしょう。気づかず放置すれば手遅れになる場合もあります。

体調について困っている人がいたら、ふつうはこう言うでしょう。「まずはお医者さんに行って相談してみたら？」とか、「気になるようなら一度人間ドックに入ってみたら？」と。

「読めない」ことについても同じことが言えます。読めない状況には様々なパターンと原因があります。加えて、「どんな自分になりたいか」という目標によっても、求められる読解力のレベルは異なるでしょう。

第5章では、ごく大雑把にそのパターンについて紹介しました。この本を手に取ってくださっているような読者に限定しても、いくつものパターンがあったはずです。小中学生の場合はもっと多様になります。小学生のうちは早生まれか遅生まれかで1年の違いがあります。発達の個人差も大きいです。そもそも記号で書かれた文章を読むということに困難を抱えている（ディスレクシア）児童・生徒もいます。

そして、もちろん家庭環境の差も無視できません。私たちの調査では、就学援助率の高い学校ほど、リーディングスキルテスト（ＲＳＴ）の能力値が低いことがわかっているからです。

しかし、多くの自治体や学校も、わかりやすい処方箋、たとえばかつて一世を風靡した

「百マス計算」や「朝読書」のような、すべての生徒に適用できて、誰もがすぐ実践できるものを望みました。

そして、ついに恐れていたことが起こります。『ＡＩ vs. 教科書が読めない子どもたち』で紹介したＲＳＴの問題をドリルとして毎日やらせる学校や自治体が現れたのです。わざわざ、「わが校では手作りのＲＳＴを毎日生徒に解かせて、読解力向上に取り組んでいます」との手紙を送ってきた学校もありました。

違います！　それ、完全に間違ってます!!

ＲＳＴは達成度テストではありません。１００点を目指しましょう、級が上がるように頑張りましょう、というテストではないのです。あくまでも、いくつかの指標から基礎的・汎用的読解力を「診断」するツールに過ぎません。

視力を向上させるために毎日視力検査を受ける、という愚かなことをする人はいないでしょう。ＲＳＴも同じです。ドリルとして取り組んでも、意味はありません。年1回か2回、予習をせずに自然体で受けるように設計しています。

もちろん、毎日受検してくれたら、ＲＳＴを提供している「教育のための科学研究所」

は儲かるでしょう。ドリルも販売したらさらに儲かるに違いありません。しかし、そんなことのために私たちはＲＳＴを世に出したわけではないのです。

たぶん、ＲＳＴを毎日ドリルで練習させると、かえって読解力は下がるでしょう。人間のように賢い動物は同じようなことを何度も練習させられると、多くの場合、楽だけれども非本質的な解き方を会得します。本人が「どう効率化したか」を認識していればまだいいですが、多くの場合、そうではありません。

スマートフォンのパズルゲームで高得点を取るとか、ルービックキューブを数秒で解いてしまうとか、5桁の暗算ができるそろばんの有段者がそうです。私は、かつて暗算が得意な子どもたちにインタビューしたことがあります。1級くらいまでは、頭の中でそろばんの玉を動かして暗算をします。有段者になると玉の動きを考えなくてもよくなります。暗算大会で優勝した高校2年生は、気づくと（正解である）数字を答えていて、どうやってその数字を答えているのかわからないと言いました（そして、数学はとても不得意だそうです）。

そういう子どもたちはメディアから「天才」ともてはやされるけれども、キャンディクラッシュにものすごく強いとか、ルービックキューブ世界一だという理由で、ハーバード大学に入学したという話はついぞ聞いたことがありません。それは単に特殊な訓練に脳が過剰に適応した結果に過ぎないでしょう。

RSTも例外ではありません。本来ならば、提示されている文、たとえば、

「仏教は東南アジア、東アジアに、キリスト教はヨーロッパ、南北アメリカ、オセアニアに、イスラム教は北アフリカ、西アジア、中央アジア、東南アジアにおもに広がっている。」

を読み、次に、

「オセアニアに広がっているのは（　　　）である。」

という問題文を読み、最後に選択肢である
「ヒンドゥー教　キリスト教　イスラム教　仏教」

の中から選んでほしいのです。

必要ならば、もう一度、提示文の関係のありそうな箇所を読み返して、「ああ、こういう意味か」とわかってから解いてほしいのです。

しかし、トレーニングを積めば、まるでルービックキューブを瞬間的に解くように、問題を一切読まずに答えがわかるようになる可能性は否定できません。それでは読解力がついたことにはなりません。単にRSTの形式に過剰適応した結果でしょう。

だから、皆さんにお願いしたいのです。RSTは何度も受検しないでください。1年に

一度か二度、成績に無関係だと言われた上で、予習もせずに無防備な状態で解くのが、ＲＳＴは最も診断精度が高いのです。

それでも、「うちはする」

――ＲＳＴは、あくまでも診断ツールなので日を置かずに繰り返し受検するのは、やめてください。読解力向上に万能薬はありません。似た問題を自前で作って、ドリルをすると逆に読解力は下がるでしょう。――

そう伝えると、多くの自治体や学校がパニックに陥りました。直前になって受検を撤回した私立学校もありました。私立の場合、１回１５００円のＲＳＴを受検させることは難しくありません。でも、繰り返し受検すれば逆効果になると言われた途端に困ったのでしょう。

授業の中で工夫をすることで読解力を上げる、ということは、まさに自分たちが努力しなければならないということです。努力する気がなければ、毎年受検させても成果が出ません。成果が出なければ保護者から突き上げられます。だったらやらないほうがいい――そんな判断をしたのかもしれません。

そんな中、「うちの市（区、町）で全数調査をする。教員にも受検させる」といち早く決断した自治体がありました。埼玉県戸田市、東京都板橋区、富山県立山町です。それ以外にも、福島県は小学6年生から高校生まで6000人規模の調査を実施し、全県の読解力を把握するために行動に移しました。県内にあり、新入生にRSTを受検させている奥羽大学と協力して勉強会も立ち上げたそうです

戸田市の戸ヶ﨑勤教育長は「効果がある可能性があるものは全部試す」と明言し行動に移す教育長として知られています。ITにも詳しいです。ただし、教員、校長を経て教育長になったこともあり、教員とともに作る持続可能な教育改革を目指しています。数学の先生だっただけあり、データを分析して効果を確認することにも積極的です。

目立つ校長や教育長のところには、様々な企業が「広告塔」として利用するためにやってきます。一つの学校に実質的に数億円が投入されていることも、ままあります。けれども、北は稚内、南は竹富町まである2万の小学校、1万の中学校で、1校に数億かかるような改革を展開できるわけがありません。

様々な企業や大学の研究室がオファーをする中で、戸田市は最初からRSTを小学6年生から中学3年生まで全数で、しかも縦断調査（毎年調査をして比較をすること）をすると決断をしてくれました。ここならば、「等身大」の改革、先生の意識改革を促すことによ

る普段着の授業を改善することを理解してくれるに違いないと思いました。

ただし、戸田競艇場を有している戸田市はどちらかといえば財政に余裕があります。より困っているのは財政に余裕がなく、児童・生徒の就学援助率が高い自治体でしょう。あるいは人口減少の危機に直面している地域。そういうところで読解力を上げる方法が見つからなければ意味がありません。

次に私が選んだのは、板橋区でした。坂本健区長は以前幼稚園を経営していたこともあり（小学校のPTA会長も経験があるそうです）、教育に対する関心がもともと高い方です。中川修一教育長は、なんとかして板橋の学力を上げたいと、毎月のように夕方から各学校の管理職（校長・副校長）、PTA会長、教育委員をはじめ、意欲のある教員や保護者にも開放して教育講演会やグループワークによる教育の課題意識共有に努めています。

それでも文部科学省が毎年小学6年生と中学3年生に対して実施している全国学習状況調査（学テ）の結果は徐々に改善は見られるが、東京23区の下位層から抜け出せないのです。それにはしかたがない面があります。東京23区にもいくつか就学援助率の高い区があります。板橋区もその一つだからです。

就学援助率と学力には負の相関があることは、教育関係者の間ではつとに知られています。そうなると、先生方の間にはなんとなく諦めの空気が漂ってしまいます。「これだけ就学援助率が高いのだからしょうがない……」と。その空気をなんとか変えたいと中川教育長は強く思っていました。

そして、立山町。首都圏から遠く離れた富山県にあり、町内に一つしか中学校がない点が、戸田市や板橋区と大きく違います。全国町村会という町村の首長が集まる会合で、私がＲＳＴの話をした後、走り寄って来たのが舟橋貴之町長でした。「いくら予算を組めば受検できますか？」と単刀直入な質問だったので驚きました。

富山県は秋田県・石川県・福井県と並んで、学テの成績が高いことで知られています。教育に関心が高いので、ＲＳＴにもいち早く注目をしたのだな、とそのときは思いました。

外せないのが、福島県です。３・11の原発事故以降、多くの方々が県外に出てしまいました。県内に残って働いている方でも、家族だけは避難させたという家庭は少なくありません。

公立の小中学校の最大のメリットは、通っている児童・生徒のバックグラウンドが多様であることです。けれども、福島県、特に福島第一原子力発電所から比較的近い地域の公立小中学校の生徒のバックグラウンドの多様性は急激に低下していました。彼らにこそ、ファクトについて書かれた情報を読み比べたり、自らの経験したことや考え抜いたことを言葉という手段で外の世界に発信したりする力を身につけてほしいと私は願っていました。

また、それは便利な暮らしのために福島に電力を依存してきた東京に暮らす私の義務だとも思いました。

教育長や首長が本気であること、読解力をどうしても上げなければならない明確な理由があること、幕の内弁当のようにいろいろせずに読解力に集中してくれるところ、そして異なる規模で異なる課題を抱えていること。それを条件に、最初の共同研究の相手として4つの自治体を選びました。

私は、これらの自治体とまずは密な関係を構築して「どんな学校で、どんな授業をしているところで、どんな読解力の課題があるか」を調べつつ、「どうすれば、読める子を育てる授業になるのだろう」ということを、現場の先生方や教育委員会と一つひとつ分析をしていくことにしました。そのほうが深く早く、この「読解力問題」の本質に到達できるのではないかと思ったからです。

講演に行って私が得られることは実は少ないのです。先生方から質問を受けたり意見交換したりする機会はありますが、そこで得られる情報は限られる上に、相手の主観が入ります。講演で伝えられることは、書籍でこそ、正確に伝えることができます。ならば、今私に必要なことは、現場で子どもたちを観察することです。

ＲＳＴは私が考案したテストなので過去のデータがない、だから、基礎的読解力が低下したかどうか科学的には言えない、と前著では書きました。しかし、個人的には読解力は低下しているとの印象を強く持っていました。低下しているのであれば、原因があるはずです。とにかく現場に行かねばなりません。そして私が育った70年代と何がそれほど変わったのか、この目で確かめねばならないと思いました。

日本はアクティブラーニング先進国

ある目的のために設計し、学校内あるいは自治体内の学校の先生方に授業を公開することを「研究授業」といいます。ただ公開するだけでなく、授業の後に授業実践者が授業の目的と授業案を説明し、参観した先生方がその目的と授業が合致していたか、効果的な授業になっていたかなどを検討します。私のような研究者や指導主事が講評をする場合もあります。授業を含めると3時間から4時間かかります。私が最初に読解力向上の「研究授業」のフィールドとして協力をお願いしたのは戸田市でした。

戸田市で実施される「読解力向上研究授業」では、まず事前に戸田市教育委員会に私が考えた授業の概要を送ります。指導要領や既習事項と照らし合わせて、教育委員会の指導主事が該当しそうな学年と科目を決め、研究授業を引き受けてくれる先生を探します。

戸田市の小学校の授業時間は45分。その中で、まず当該学年の「授業」として成立していなければなりません。加えて、その中でRSTが指標としている6分野7項目の基礎的読解力のいくつかを授業中に生徒が意識して身につけるような働きかけをし、それが達成されているかを確認する時間も必要です。

科目として求められるスキルを身につけさせること、科目の知識を伝達すること、そして読解力を向上させることの3つを授業の中に盛り込まなければなりません。指導主事と担当教諭が何度も話し合って何度も授業の指導案を練ったと聞いています。

なぜ練らないといけないかというと、生徒たちの反応が予測不能だからです。教え込むだけならば、そこまで検討しなくても済みます。しかし、45分の授業の中で、何度も問いを立てて、生徒の反応によって授業を進める「アクティブラーニング」と呼ばれる授業形態をとる場合、うまく生徒の反応を引き出さないと、消化不良のまま授業が終わってしまいます。

準備が不十分だったり、教員の背景知識が不十分で生徒の学ぶ意欲に負けてしまったりすると、アクティブラーニングはすぐに破綻します。みんなで作業をして、なんとなく話し合ったけど、何が結論だったのかわからない――そんな授業に陥ります。他の生徒の意見に迎合していれば授業をやり過ごせる、ということを覚える生徒も出てきます。

だからこそ、準備を念入りにすることや、その授業を多くの教員が参観して、多様な観点からその授業の目標が達成できていたかを検討する研究授業が重要なのです。

ところで、日本人の多くが、なぜか「日本の公立の小中学校というところでは、先生が生徒に知識を伝達する一方向的な授業をしている」という誤解をしています。事実はそうではありません。日本の小中学校、特に小学校は世界一生徒の意見を聞き、班活動（グループ学習）をすることで知られています。近年、東南アジアや欧米の学校でも、グループ学習が活発に行われていますが、実はそもそものモデルが日本だ、ということが多くあります。

日本の学力があまりに高いので、世界各国の教育関係者が１９８０・90年代に盛んに日本に視察に来て、班活動に注目したのです。現在、それが「アクティブラーニング」という名前で逆輸入されていますが、日本の学校、特に小学校はもともと欧米の学校に比べてアクティブだったのです。そして今、日本の「研究授業」が世界から注目を集めています。

では、アクティブラーニング先進国の日本で、なぜ教科書を読めずに卒業する生徒が3割もいるのでしょう。意外なことに、「アクティブラーニングブームの中で、一人も取りこぼさずに学ばせるためによかれと思って考案された様々な工夫」がその理由の一つではないか、と私は今思っています。

「みんなちがって、みんないい」は罪作り

久しぶりの小学校の教室。出かけたのは戸田市のとある小学校の4年生のクラスでした。戸田市は学校のIT化に先進的に取り組んでおり、基本的にすべての教室に電子黒板があります。それはホワイトボード兼プロジェクターのようなもので、黒板の脇に設置してあります。大きさは黒板の3分の1ぐらい。パワーポイントの資料を投影したり、教科書を拡大表示したりできます。「電子黒板を導入したことで、前に出て発表したがる生徒が増えました」と校長先生は胸を張っていました。

職員室にはプリンターやコピー機が導入されていて、先生方はパソコンで手作りのプリントを作って、生徒の人数分印刷することもできます。

いよいよ、研究授業です。第8章で詳しく紹介する「言葉のとおりに図形を並べよう」です。4年生はすでに、直角三角形や二等辺三角形、正三角形、直角二等辺三角形といった様々な三角形があること、四角形にも台形や平行四辺形、ひし形、長方形、正方形があることを学んでいます。三角定規を2つ使って直角を作ることや、辺の長さが等しいかどうかコンパスを使って確認する方法も習得しています。「言葉のとおりに図形を並べよう」は、算数で習った図形についての知識とスキルの確認と、書かれている文章のとおりに図

形を作図して並べるという、読解力の中でも特にイメージ同定と具体例同定（理数）に焦点を合わせて設計した授業です。

最初の課題は「正三角形の上に、長方形があります」に合う図を描くというものでした。自力で作業を始められる子、ワンテンポ遅れる子、そして隣の子がどうするかを見て真似る子と差が出ます。自力で始められる子はよくできる生徒です。個性的な答えを描こうと意気込んで、正三角形を逆さまに書いたり、方眼紙に頼らずに長方形を作図したりしています。

ワンテンポ遅れる子は①集中力が途切れている②課題を聞いても指示がわからない③指示はわかっても何をすればよいか考えつかない——などの原因が考えられます。そして、隣の子を真似る子はなかなか手が動き始めません。図を描き始めても、隣の子と同じでないとすぐに消しゴムで消してしまいます。そういう生徒は小学校の中学年段階で特に手厚い支援を必要としています。

隣の子を真似することで授業をやり過ごしている生徒は、多くの場合、論理的な考え方が身についていません。小学校の中学年の段階で論理的に考える習慣を身につけさせることが非常に大切です。そのためには、消しゴムで消さずに「根拠を持って誤りを自覚し、適切に修正できる」ように支援することが重要です。なぜ中学年なのか、というと、高学年、中学校と進むにつれ、指示や課題がさらに抽象的になり、進度も速くなるからです。「隣の子のすることを真似る」で中学年を過ごしてしまうと、中学校に進学するころには授業がまったく理解できなくなり、学習に急速に興味を失ってしまう危険性が高まります。

研究授業に参加するとき、私は先生の板書を生徒がノートに書き写すスピードに注目します。板書を写すのが遅い生徒は、文章の意味を理解していない可能性が高いからです。課題が出されたら、生徒の作業の様子にも目を注ぎます。すぐに手が動き始めるか、なかなか動かないのか、隣の子を真似していないか、消しゴムを何度も使っていないか、などです。5分ほど観察すれば、どんなクラスなのか、学習に困難を抱えている生徒はどの子か、概ね見当はつきます。そして、研究授業では、必ず学習に困難を抱えていそうな生徒のそばで時間を過ごすようにしています。

その日の研究授業で、私が最も長い時間を一緒に過ごしたのは、海外にルーツをもつらしい大きな目をした快活な女の子でした。「正三角形の上に、長方形」を描く問題は、隣の子を真似して描きました。次は「二等辺三角形の左に正方形があります」という文を図に描く問題です。その子は、前の問題で要領を呑み込んだのか、今度は隣を見ずに手を動かし始めました。まず正方形を描き、その右隣に正三角形を描きました。

それを見た隣の子が「それ違うよ」と言いました。女の子はすぐに消しゴムで消そうとしました。私は彼女に言いました。「ねぇ、おばちゃんは合ってると思うよ。おばちゃんを信じて、そのままにしとこうよ」

女の子は驚いたようでしたが、私の目を見つめ、にこりとして頷きました。

他の生徒は全員、正方形の右側に、正三角形ではない二等辺三角形を描いていました。その中で、彼女の描いた「正方形の右に正三角形がある図」は異彩を放っていました。

先生が彼女の解答を皆に示して意見を求めます。「間違ってる」という声がクラスのあちこちから上がりました。不安げに私に目をやる女の子に、私は笑顔でウインクしました。

日本の社会では、多数決が幅を利かせています。「みんながそう思うならそれが正しい」という考えです。でも、科学では、それは困ります。また、多くの人が直感的に正しいと思うことでも、間違っていることはよくあります。かのアリストテレスでさえ、「重いもののほうが、軽いものより速く落ちる」と信じていました。しかし、それはガリレイによって否定されました。

もう一つ、小学校では「人それぞれいろいろな考えがあって、それがいい」という指導をしがちです。もちろん、多様な考え方があるのは良いことですが、それも科学では困ります。「いろいろな意見がありましたね」といって誤概念を放置すると、それぞれ勝手な解釈をして中学校でつまずいてしまいます。

本来、学校は、子どもたちが安心して何度でも間違うことができる場所でなければいけません。間違うことは恥ずかしいことではない、と保証されることこそ、学校が学校であることの意義なのです。間違う経験は買ってでもするべきです。間違うから誤概念を修正できるのですから。

「建前はそうかもしれないけれど、いつも同じ生徒が間違えて結局『ダメな子』のレッテルを貼られるのでは？」というのは、浅はかな考えです。

ＲＳＴの体験版で読者の皆さんがまさに体験したように、小中学校の教科書を読み解くのは簡単ではありません。ＲＳＴを受検した学校の先生方には、ぜひとも各生徒の読解能力値を把握した上で、生徒に合った難易度の問いかけをしてほしいのです。

そうすれば、どの生徒も同じ頻度で間違う経験を積むことができ、それぞれの能力に合わせて読解力を向上させることができることでしょう。

研究授業で、先生は「正三角形も二等辺三角形の一つなんだね。そして、正方形も長方形の一つです」とまとめ、彼女の答えが正しいことを確認しました。

この授業だけで、生徒全員ががイメージ同定と具体例同定の力を身につけることができたとは思いません。けれども、たとえ、クラスの全員に「間違い」と指摘され、一人ぼっちになっても、正しいこともあるということは、強く印象に残ったのではないでしょうか。

とてもよく練られた良い授業だったと思います。検討会でも概ね高評価でした。

2Bの世界

けれども、私は一つだけとても気になったことがありました。それは、生徒の使っていた鉛筆の多くが2Bだったことです。私が小学校に通っていた1970年代には、2BやBは低学年で使うものでした。書く量が増え、筆圧が上がると、HBに替えます。高学年になるとHを使う生徒もいました。2BやBではすぐに鉛筆の先が丸くなってしまい、6時間の授業のノートを書ききることができないからです。「書く量が減っているな」と直観しました。

実際、めあてである「図形を正しくならべよう」というたかだか11文字を写すのに、生徒の間でかなりの時間差があります。こうした文章を写すときに、文単位で写せるか、文節単位（図形を、正しく、ならべよう）か、語単位か、文字単位か、それとも画数ごとかということは、後ろから見ていて、頭の上げ方の回数でほぼわかります。

画数ごとに頭を上げる生徒は学習障害を疑ったほうがいいでしょう。文字単位の生徒は、文を意味として把握できていない可能性があります。人は意味のない記号列は最大で7、8文字しか覚えることができないので、文で写せるか、文字単位でしか写せないかというところで、「図形を正しくならべよう」という目標が「意味」として頭に入っているか否か、だいたいの目安がつきます。

このクラスの生徒は、幸いなことに画数単位で写すという生徒はいませんでしたが、文字単位で写しているらしい生徒が何人かいました。字を見ると比較的しっかりした字を書いているので、漢字ドリルはしているのだな、とわかります。実は、私が最初に「課題を抱えているのではないか」と感じた女の子に注目したのは、この11文字を写すのに何度も頭を上げたり下げたりしていたからでした。

検討会の最後の講評で、私は「なぜ生徒の多くが4年生になっても2Bを使っているのでしょう。筆箱に入っている鉛筆の数から考えると、ノートを取らせると途中で芯が丸くなってしまうのでは？」と尋ねました。

すると、授業を担当した先生だけでなく、授業を参観していた他の先生方も、「ノートはあまり取らせないんです。プリントやワークシートを配布して、作業をさせることが多いので」と言います。「なぜ？」と尋ねると、「黒板を写させる活動はアクティブラーニングではなく、一方的な教え込みですから」とか「黒板を写させる時間がもったいない。それならば話し合いの活動に時間を割いたほうがいい」とか「電子黒板だと、コンテンツを次々に投影するので、ノートは取れないですから」と言います。

どうやら、黒板を写させると、写すのにかかる時間が生徒によって差が大きく、全員が写し終わるのを待っていると早く写し終わった生徒は飽きてしまうし、早い生徒に合わせると、ノートが白いままの生徒が出てしまうようでした。

疑問に思って、いろいろな自治体の小中学校のワークシートやプリントを集めてみました。それで「アッ」と思いました。先生の手作りのものも業者によるものも、文章を書かせるものより、穴埋め形式のものが圧倒的に多かったのです。

これでは、黒板に書かれていたり電子黒板に投影されている文章を「文章として」読まなくても、キーワード検索でプリントを埋められてしまいます。そして、そのキーワード部分を覚えれば、テストでそれなりの点を取れてしまうではありませんか！

「一人も置き去りにしない」ために、書く速度が遅い生徒に合わせたプリントやワークシート類、情報化を推進するための電子黒板が、ノートを取れないまま卒業する小学生を大量に生んでいたのです。彼らはそのままノートの取れない中学生になります。中学校でも彼らを置き去りにしないためにプリントやワークシートを多用するようになりました。

そして、彼らはそのままノートの取れない高校生や大学生になったのです。その中で、彼らは「キーワード検索でプリントを埋める」とか「そのプリントでテスト対策をする」術を身につけていったのではないかと思います。

私は、大学時代、阿部謹也先生が授業中にこんな苦言を呈したことを思い出しました。「一橋大学の学生の知的レベルが劇的に下がったと感じたのは、生協にコピー機が導入されたときだった」と。阿部先生は、博士論文を書くために、ドイツの図書館に通いつめ古文書をまさに「一字一句写すこと」でドイツ中世史の奥深くへと進んでいき、それが彼を空気のように包んだとき、他の追随を許さない鑑識眼とユニークな視点を獲得し、知の巨人となりました。

「君たちはノートを写す、ということなど極めて退屈で無意味な作業だと思うのだろう。だが、皮肉なことに、君たちが侮る作業を機械に頼ることによって、実は君たち自身の質を低下させていることに気づいていない」

現在の大学では、多くの教員が板書をせずにパワーポイントの資料を投影して授業を進めます。学生はそのファイルをダウンロードして、必要に迫られたときだけ読みます。板書をスマートフォンで撮って済ます学生も少なくありません。そのことで、彼らが何を得、何を失ったかを知る術はありません。テクノロジーによって人がある種のスキルを失うとき、その喪失は社会現象として一気に起こります。しかも元に戻すことができないので、テクノロジー導入前後の能力比較をすることが難しいのです。

けれども、ディスレクシアなどの障害が特にないのにノートを十分な速さで取ることができない中高校生が増えていることは確かです。そして、彼らの多くが、キーワード穴埋め型のプリント類を学習の中心に据えています。

親切なプリント類を出してくれる先生は生徒や保護者の評価が高いです。テストに出やすいところは「ここがポイント！」などと吹き出しをつけて太字にする先生も多いです。そのほうが小テストや中間テストの準備がしやすいですし、答え合わせもしやすく、点も取りやすいからです。

日本の先生は真面目なので、評価が高い先生が使っている方法をすぐに取り入れます。授業中のプリント・ワークシートの多用は、教員1人1台ずつのパソコンと職員室にコピー機が導入されて以降急速に全国で広まった現象です。

立山町の衝撃

プリント・ワークシートの多用がかえって生徒の学力に悪影響を与えているのではないか、との印象が確信に変わったのは、立山町のＲＳＴの結果を見たときです。まず、名誉のために書いておきますが、立山町の中学校の先生方は全国の教員に比べて、ＲＳＴの結果は総じて高いです。けれども、中学生の結果が、第5章の「前高後低型」の極端な形をしているのです。

全国の中学生と比較したとき、係り受け解析と照応解決まではとても良いです。しかし、推論・イメージ同定・具体例同定が全国平均を下回っています。これでは、中学校の学テの点数はあまり高くないはずだ、と直観しました。

けれども、先に触れたように富山県は小中学校ともに学テの成績が高いことで知られているのです。疑問に思いつつ2019年の2月に立山町を訪れました。立山町は、RSTの結果を私がどのように分析し、何が課題だと思ったかを、公開講演会で正直に講評してほしいと依頼してきたのです。

私は講演会で次のように講評しました。「この中学校の1年生のRSTの成績から、中学校で学ぶ準備、特に『定義を読んで、抽象的な概念を理解する』ということと、『論理的に考える』ということが十分にできていないと感じます。富山県は秋田県や福井県と並んで、学テの点数が高く、教育への関心が高い県です。先生方も熱心で、丁寧なプリントづくりに励んでいるのではないでしょうか。もしかすると、プリントを作りすぎたり、ドリルをさせすぎたりした結果、小学校は『見かけの成績』が上がる一方、伸びしろが小さくなってしまっているのではありませんか。課題は中学校にあるのではなく、小学校の教育にあるように思います」と。

富山県では市町村別成績を公開していません。だから、私は、講演をするまで、立山町の小中学校の学テの成績を知りませんでした。ただ、中学1、2、3年生のRSTの結果だけからそのように分析したのです。

講演が終わると、舟橋町長がまた驚いた顔をして走り寄って来ました。私が話したこと、つまり、小学校の学テの成績が県内でも特に良いこと、にもかかわらず中学校の成績が伸び悩んでいること、先生方が熱心にプリント作りに取り組んでいることなどの予想が当たっていたのです。

「小学校の成績は良いので、まさか小学校に課題があるとは思わなかった。なんとか中学校の成績を上げようと、県内で最初に中学校にエアコンを設置したり、教員を加配したり、放課後の補習授業を実施したり、行政としてはやれるだけの手は打ってきた。それでも成果が出ないときに、RSTに出会ったんです」と舟橋町長は言います。

立山町の教育委員会に頼んで、小学校で日常的に使わせているプリント類をいくつか選んで送ってもらいました。文で答えさせる箇所もありますが、キーワード穴埋め型のプリントが多い。計算ドリル、特にあらかじめ桁がそろえて書いてある筆算ドリルは使いすぎてはいけません。ドリルには問題だけが書いてあって、それをノートに写させて、そこで筆算をさせるほうがいいのです（当然、デジタルドリルはさせてはいけません）。

なぜかというと、筆算の初期のつまずきの多くが「桁をきちんと合わせないこと」「繰り上がりや繰り下がりを正しい箇所に書かないこと」にあるからです。小学生はまだ自分をコントロールするスキルが十分に身についていないことが少なくありません。字を乱暴に書いたり、桁を合わせて計算するのが苦手だったり、ドリルの問題を正確にノートに写せなかったりします。だからといって、あらかじめ桁を合わせた問題をドリルの上で解かせては、中学に上がったときに真っ白な計算用紙で自力で計算できません。

「自転車の補助輪」は、最初は必要ですが、どこかで外さなければなりません。それと同じです。子どもの発達はまちまちなので、補助輪が不要になった生徒から、ノートや白い計算用紙で計算できるようにしていかなければ、生徒が伸びなくなります。

漢字や語彙のドリルも、しすぎはかえってよくありません。リアルな会話の場面や文章を書くときには使えないのに、ドリルの上だけで「知っている」（正解できる）語彙だけが増えてもしょうがありません（現在、語彙とRSTの結果の調査中）。

子どもは自分が喋れるようになるずっと前から、周囲の大人が「言葉」を使って意思疎通をしている様子を、非常に興味を持って観察しています。幼児や児童が語彙を獲得しようとする内的な動機は、最初は「自分の要求を大人に伝えたい」かもしれませんが、そのうち「大人みたいに話してみたい」とか「会話に加わりたい」などになります。小学生になると「本を読みたい」などより広い世界へと関心が向かっていきます。けれども、「ドリルで語彙を学ぶ」ことの動機はなんでしょう。１００点を取ることだけではないでしょうか。ゲームがゲームの中で完結してしまうように、ドリルもその中で完結してしまうのです。それでは「生きた語彙」として身につきません。ドリルで漢字や語彙を学んだら、それを使う場面を作る必要があります。

私が授業をするときには、新しい言葉は必ず「(新しい言葉)とは、～のこと」という定義文を示し、次のシーンでその言葉を使うように仕向けます。生徒はしばしば、学びたての言葉を使わずに、既知の言葉を使って冗長に説明をします。しかし、導入した言葉を使うと、「明快でパリッとした文」になります。それを並べて見せ、ニヤッと笑い「こっちのほうが、かっこいいと思わない？」と尋ねます。「かっこいい」は、子どもにとって強い動機になるからです。

こういう授業は、ドリルや、ましてや最近流行りの「EdTech」にはできません。ドリルもEdTechも「点数最適化」装置であって、「かっこよくなりたい」というような動機を、それぞれの発達段階や「学級」というコミュニティの雰囲気に合わせて提供することはできないからです。

6年生までに穴埋めワークシートを卒業する

立山町から帰ってきたその日に、戸田市と板橋区の教育委員会に早速連絡をしました。(ディスレクシアなどの障害のない生徒については)「小学校を卒業するまでに板書をリアルタイムで写せるようにする。小学校のうちに穴埋めプリントを卒業する。そして、中学校ではプリントは使わないことを目標にする」と。

そんなことか？ と思うかもしれません。

ええ、まずそこからです。

それは、私たちがテクノロジーの導入によって、20年あるいはもっと長い時間をかけて失った能力を回復する作業です。

賢明なるソクラテスが予見したように、私たちは文字、つまり「書記言語」というテクノロジーを手にすることによって、アイヌ民族が持っていたような長い話を正確に暗誦する力を失いました。同様に、スマートフォンの普及は、幼児が接する大人たちがSNSやゲームに集中する時間を増やし、大人同士の会話を聞く時間や自分に話しかけてくれる時間を劇的に減らしました。それが子どもたちから「何らかの力」を急速に奪いつつある、と考えるのが妥当でしょう。その影響がどこまで広がるか、私たちはまだ知りません。全容を知るころにはたぶんすべてが手遅れです。

　小学校では「効率よく算数や漢字や、重要キーワードを覚えさせる」ためのドリルやワークシートを多用するのではなく、まずは自分の気分や力加減をコントロールしながら作業に集中できるようになることを目指したほうがいいです。その中には、筆算の桁をそろえることや、板書を正確にある程度の速さでノートに写すことや、手順書どおりに実験をしてその結果を見たとおりに記録することが含まれます。こういうと多くの人に「そんな単調で創造性がない作業を子どもに強いてどうするんだ。そういうことこそAIやロボットに置き換えられる」と言われます。

　それは違います。なぜ違うかというと、人間とコンピュータの仕組みが違うからです。コンピュータには「集中する」ということは、ありません。膨大なデータを集めて、それらの統計を取ることによって最適解を探します。一方、人間はそんな芸当はできません。人間がコンピュータと本質的に異なり、そして優れている点は、「意味が（なぜか）わかること」と「欲求があること」と「全力で怠けようとする」というところではないかと思います。

　182ページでも触れたように、板書を正確にある程度の速さで写すには、文字単位で覚えていては到底間に合いません。単語単位でも無理で、文節や文の単位で覚えられるようになる必要があります。しかし、文節や文は長いので、意味がわかっていなければ覚えられないのです。試しに次の2つの文字列を写してみるといいでしょう。

1．おじいさんは山へ柴かりに、おばあさんは川へせんたくに行きました。
2．吾チェ伊養田陽著上でいようえ&ううぇ與病く#で碑を食え趙ドれ懸）

両方とも34文字ですが、1は一度か二度見れば正確に写すことができるでしょう。一方、2はどうでしょう。（特殊な能力でもない限り）10回以上は確認しなければ写せないに違いありません。意味がわかるというのは、それくらい人間にとって物事を容易にする力があるのです。

3．1とそれ自身以外の約数を持たない、1より大きな整数を素数という。

3は1と同じく34文字です。私は一度見れば正確に写すことができます。一方で、4回以上読み返さないと写せない読者もいることでしょう。「1とそれ自身以外の約数を持たない」という文字列が、意味としてスッと入ってこないからだろうと思います。だいたい

「それ自身以外」という言い回しは、数学（か法律）に特有のものでメールやビジネス書には登場しません。SNSでこんな文ばかり書いたら、フォロワーは増えないし、LINEだったら友達を失います。多くの人にとって意味を理解する上で認知負荷がかかる文章だからです。

小中学生も同じで、1はほとんどの生徒が1分程度で写すことができる。一方、3は特に難しい漢字を使っていないのに2倍以上かかることが多いです。だから、少なからぬ中学校の数学の先生は3の文を黒板から写させる代わりに、こんなワークシートを配ってしまいます。

4．1とそれ自身以外の約数を持たない、1より大きな整数を（　）という。

そうすると生徒は「1　それ自身　約数」と書いてあると、（　）に入れるのは素数だろう、という変な覚え方をしてしまいます。人間が怠けることの天才であることの好例です。

意味を理解しなければ、板書を写し終えることはできません。板書を写すには、意味を理解しなければなりません。穴埋め式プリントは「一人も取りこぼさないようにして、全員が十分に考え、議論をする時間を確保するため」に考案され、広まりました。

しかし、その思いやりによって、生徒が文章の意味を考える（ことによって写す時間を短縮しようとする）機会を奪うことにもなったのです。小学校のうちに1時限分の板書を写せるようになることを目標とするのが妥当だと私が考える根拠はそこにあります。

小学生の間に身につける必要があることに、他にも自分の気分をコントロールしながら桁を注意深く合わせたり、点に合わせて定規を押さえて線を引いたり、指に力を入れないようにしながらコンパスで円を描いたりすることも含まれます。

実験や調理実習の手順書を読んでそのとおりに実行し、そこで起こったことを起こったとおりに文章で表現することも小学生のうちに身につけたいことです。それがゆくゆくレポートを書く際の基礎となります。実は「見たことをそのとおりに書く」というのは、易しいようでいて難しいのです。

小学校の生活科や理科では、ひまわりやアサガオの観察日記から始まって、手回し発電機を使った豆電球とＬＥＤのエネルギー効率の比較まで様々な観察や実験を通じて、「見たとおりのことを書く」ことと、そこから自然の理《ことわり》や技術の仕組みを論理的に学ぶように設計されています。

しかし、ここでもまたワークシートとプリントが邪魔をします。「豆電球とＬＥＤの光る時間をくらべてみよう」というタイトルがついたワークシートがあり、手回し発電機をそれぞれ50回ずつ回したときに、豆電球とＬＥＤがそれぞれ何秒光り続けたかを書くための表が準備されていて、その下に

（　　　）のほうが（　　　）より長く光った。

を穴埋めするようなワークシートが準備されていると、生徒は何を実験してどんな結論を書けば「ＯＫになる＝早く作業から解放される」か、を察知してしまいます。6年生であれば、「同じ条件の下で比較するときは、表やグラフを使うと、わかりやすい」ということや、観察したことを「ＬＥＤのほうが豆電球よりも長く光った」という文章として記録すべきことは生徒自身でたどり着いてほしいのです。

実は、この実験にはそれ以外の発見もあります。ＬＥＤのほうが豆電球よりも明るく光る、というのもその一つです。板橋区の小学校の授業では、そのことから、「明るく光るからＬＥＤのほうが電力をたくさん使う」という意見を述べた生徒がいました。塾に行っているせいで、豆電球よりもＬＥＤのほうがエネルギー効率が良いことを知っている生徒ばかりの学校では、こういう説はなかなか出てきません。多様性のある公立小学校の良い

ところでしょう。重要なのは、こういう意見が出てきたときに、塾で先取り学習した生徒が単に「間違ってるよ」というだけではなく、「実験の結果とどう矛盾するか」を的確に説明するスキルがあるかどうかです。

塾に通っていない子が「見たことから思いついた」意見を言った場合は、その多様性をほめます。そして、塾に通って知識で答えている生徒には論理的な説明を求めます。そうすれば、一つの授業の中で、異なる知識レベルの生徒がともに「それぞれのレベルに応じて」学んでいけるのです。

手回し発電機を使った豆電球とLEDのエネルギー効率を比較する研究授業を私が見学をしたのは板橋区の小学校でした。指導をしたのは、教員になって5年目という20代の女性の先生でした。うれしいことに、その授業では、ワークシートではなくノートを使って全員が実験記録を書きました。

ノートの書き方は統一されていて、左側に4センチほどの罫線を書き、そこに「めあて」「結果」「わかったこと」「まとめ」など見出しを書くことになっています。見出しの右側に結果を表で書き、まとめを自分で文章にします。最後にノートを集めて、全員がきちんと作業をしていたか先生が職員室に持ち帰って確認をし、コメントや朱を入れるという、昔ながらの良い授業でした。

こういう授業や指導は今でもやろうと思えば、できます。ただし、すべての学校のすべてのクラスで明日からできるわけではありません。板橋区でこの研究授業をしたクラスでは、半年かけて生徒たちの状態を「耕して」あったのです。

先生は毎週、子ども向けの新聞の記事をいくつか選び、コピーしておくそうです。裏側には200字の原稿用紙様のものが2つ印刷されています。一つには記事の要旨を書き、もう一つにはその記事を読んだ感想を書くことになっています。生徒は毎週一つ以上必ず記事を選んでこの宿題をしなければなりません。最初は原稿用紙がなかなか埋まらなかったそうで、十数字、数十字しか書けなかった生徒も少なくありませんでした。

しかし、子どもの成長というのは目覚ましいものです。2、3カ月経つと、ほぼ全員がその宿題をやれるようになったのです。中には自発的に2つ以上の記事のまとめを書く生徒も出てきました。ここまで「耕して」あると、ノートを取ることが苦痛でなくなります。文章から意味を読み取ることもつらくなくなるのです。

それでも、人間はやはり怠ける天才です。怠ける天才だからこそ、人類は遠い川から水を運ぶのではなく、井戸を掘る技術を発明し、それでも飽きたらず水道を引きました。怠けたいから文明は発達したのです。抽象概念を理解し、操作（推論）することは、多くの生徒にとって暗記やキーワード検索よりも面倒くさく、難しいものです。だからこそ、抽象概念を操作することから彼らが逃避しないように、中学卒業まで心がけてやる必要があります。

なぜなら、現代社会で生き残る上では、意味を理解しながら抽象概念操作ができることは圧倒的なパワーを意味するからです。グーグルの2人の創立者、ラリー・ペイジとセルゲイ・ブリンがその力で無から巨万の富を得たように。

第8章

読解力を培う授業を提案する

これから、3つの授業を提案します。これらはどれも、埼玉県戸田市や東京都板橋区などリーディングスキルテスト（RST）を全数調査で導入している自治体ですでに何度か実践した授業です。

どの授業も小学校中学年から中学生向けで、指導要領に沿うように考案されていますので、通常の授業の中で無理なく取り入れることができると思います。「なんだ小中学生向けか……」と思って通り過ぎないでください。たぶん、体験版RSTで前高後低型や前低型だった方ならば、このレベルから読解力を鍛えるのがちょうどよいはずです。基礎的・基盤的読解力は、中学3年生までは、学年が上がるに従って、能力値も上がる傾向があります。一方、高校生以上になると上がりません。たぶん、中学までに「自己流の読み」が定着してしまい、何らかの矯正をしないとその「読み方」のまま大人になってしまうのです。ですから、大人の読者の方にも同じ授業で十分意義があるはずです。

ここから始まる3つの授業案では、特に多くの生徒が課題を抱えている、同義文判定、推論、イメージ同定、具体例同定に絞った授業案を提案していきます。

次に板書の仕方の注意です。小学校の場合は、「最初から最後まで消さずに」書くのが基本です。授業が終わったときに、改めて板書を眺めたときに、授業の流れがよくわかるように工夫します。中学校の場合は、授業の途中で板書を消さないとスペースが足りなくなりますが、授業の目標と参照すべき定義だけは必ず残しておくようにします。（ちなみに、私が大学で数学を90分で教えるときには、可動式の8枚黒板がある講義室を指定して、講義するようにしています）

授業の中で、係り受け解析、照応解決、同義文判定、推論、イメージ同定、具体例同定（辞書）、具体例同定（理数）の力を伸ばすことを意識してほしい部分に、それぞれ[係]、[照]、[同]、[推]、[イ]、[辞]、[数]のマークを付けるので参考にしてください。

紙上授業1のみ、授業内容とその授業の意図や設計について詳細に紹介します。紙幅の都合から、それ以外は手短にまとめます。「教育の科学研究所」ホームページでは、順次リーディングスキルを向上する授業案を公開していきます。ＲＳＴを受検した機関は、そこからダウンロードしてご利用下さい。

「正しく伝えよう」――紙上授業1

「教育のための科学研究所」が提案する、リーディングスキル向上のための授業のいくつかを、紙上で再現します。まず、小学校4年生向けの国語の授業です。単元名は「正しく伝えよう」で、授業の目標は「無駄なく正確に文章で伝える」力を培うことです。準備するのは、紙コップに入れたオセロの玉を生徒一人に6個ずつ、黒板、チョーク（白、黄色、ピンク）以外に、白と黒の大きめのマグネットを30個と3色の小さな付箋です。他には何もいりません。

紙上授業 1

「正しく伝えよう」
小学校4年生国語
目標　むだなく正確《せいかく》に文章で伝える

今日の課題は「オセロの実況中継」です。実況中継という言葉を聞いたことがある、という人はいますか？　何人か手が挙がりました。どんな実況中継を見たことがあるのかな？ 辞

「サッカーの試合の実況中継」

「将棋の対戦の実況中継」

はい、よくできました。サッカーや野球の試合、将棋の対戦などをテレビで実況中継しているのを見たことがある人はいるでしょう。でも、この言葉を聞いたことがない人もいますから、まずはこの言葉の定義を書きますね。[辞]

※実況中継《じっきょうちゅうけい》とは「起こっていることを、見ていない人やくわしくない人に、正確に言葉で伝えること」です。[係][辞]

「〇〇とは、〇〇〇ということ」という文章で、新しい言葉を説明することを、定義といいます。定義には※を付けますよ。定義が出てきたら必ずみんなで音読します。

はい、実況中継の定義を一緒に音読しましょう。[辞]

さて、今日は「オセロの実況中継」をするのでしたね。では、これから1人6つずつカップに入ったオセロの玉を配ります。

では、問題です。次の実況中継に合うようにオセロの玉を並べてみてください。[イ]

問一　黒玉三つと白玉三つがたてに一列にならんでいる。[係][イ]

できましたか。

「●●●○○○」　「○○○●●●」

「●○●○●○」　「○●●○○●」……

いろいろできましたね。どれも正解です。ところで、この文のどんなところに注目をして、並べましたか？ 係イ

**「黒玉三つと白玉三つ、というところです」**

色と数に注目した、ということですね。素晴らしいです。他に注目した部分はありますか？

**「たて一列、というところです」**

そうですね。方向と並べ方に注目したんですね。方向の部分をきちんと読まずに、横1列に並べたら不正解です。注目した観点をまとめてみましょう。係イ

一．色
二．数
三．方向
四．ならべ方

では、次の問題です。文章のとおりに並べることができるかな？

問二　黒玉と白玉が交互《こうご》にたて一列にならんでいる。係イ

困った顔をしている人がいますね。「交互」は4年生ではまだ習わない言葉です。ですから、定義をしましょう。

※「交互」とは「一つおき、たがいちがい、代わる代わる」ということです。 辞

「●○●○●○」

「○●○●○●」

どちらも正解ですね。他の並べ方をした人はいませんか？　いないの？　先生はもっと他の並べ方もあると思うんだけれどもな。推 イ

あ、思いついた人がいるようですよ。どんな風に並べましたか？

「●○●○とならべました」

なるほど。どうして、これは正解だと思いましたか？推

「最初の問題は数が書いてあったけれど、今度は数が書いてなかったから」

そのとおりです。みんなも「ああ、そうか！」という顔になりましたね。

他にも考えられるかな？

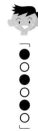

「○●○●」

「●○●○●」

「○●○●○」……

はい、どれも正解です。問題文には玉を6つ全部使うとは書いてありませんから、玉をいくつ使っても、交互に縦1列に並んでいれば正解です。今回注目したのはどの点でしたか。[係][イ]

一．色

二．方向

三．ならべ方

の3つの観点です。

ところで、問1と問2にはいろいろな答えがありましたね。もしも、こういう文章でオセロの実況中継をしたら、みんなバラバラのことを想像するでしょう。それでは「起こっていることを正確に伝える」ことにはなりません。では、どんな風に説明したら答えが一つに決まるのでしょう。[イ][同]

問三　答えが「○●○●○●」に一意になるように実況中継しよう。 [係][イ][同]

また知らない言葉が出てきました。

※「一意」とは「一つに決まること」です。 [辞]

「白玉三つと黒玉三つが交互にたて一列にならんでいる、だと思います」

なかなか良さそうですね。みんなどう思いますか？ [同推]

「いいと思います」

さて、こういうとき、この表現で良いかどうかは、どうやってチェックすればよいでしょうか。問題は「一意になるように実況中継しよう」でしたね。そして、一意とは「一つに決まること」でした。ということは、他に答えがなければ、これで正解ということになりますが……本当に他にはない？

「●○●○●○があります！」

そうそう、そうですね。これも「白玉三つと黒玉三つが交互にたて一列にならんでいる」に当てはまりますね。[同][推][イ]

では、どうすれば、正確な実況中継になるかな。

「白黒白黒白黒の順にたて一列にならんでいます」

なるほど！　それならば確かに一意に決まりますね。でも、もしも私がこんな風に言ったら、皆さん、わかりますか？

「黒白黒白黒黒白黒白黒黒白黒白黒黒白黒白黒黒白黒白黒黒白黒白黒の順に縦1列に並んでいる」（早口で）

いくつ並んでいた？

「……」

たくさんあるときには、見たとおりに言うとかえって伝わりにくいことがあるんですね。

他には案はありますか？ 同イ

「白玉三つと黒玉三つが、最初が白玉、最後が黒玉になるように、交互にたて一列にならんでいます」

正解です。よくできました。これで一意に決まりましたね。

ところで、実況中継というのは、一意に決まればいいというわけではなくて、無駄を省けるともっといい。この文に「ここはいらないんじゃないか」という部分はありませんか？ 同イ

「最初が白玉だったら、最後は黒玉になるから……そこがいらない」

そう。よく気づきましたね。つまり、

「白玉三つと黒玉三つが、最初が白玉になるように、交互にたて一列にならんでいます」

や

「白玉三つと黒玉三つが、最後が黒玉になるように、交互にたて一列にならんでいます」

と説明すれば、並び方は一意に決まる、ということがわかりました。［同］［イ］

さて、次はグループ学習です。といっても、ここは紙上授業ですから、グループ学習のつもりで読んでください。課題の並び方を実況中継して、一意に伝わったかどうかグループで確認し合います。［イ］［同］［推］［辞］

問四　答えが「●○●○●」に一意になるように実況中継しよう。

「黒玉三つと白玉二つが交互にたて一列にならんでいます。先頭は黒玉です」

正解です。けれども、黒玉3つと白玉2つが交互に縦1列に並んでいるなら、両端が黒玉になるのは決まっていますから、「先頭は黒玉です」の部分は実は必要ありませんね。同

つまり、

「黒玉三つと白玉二つが交互にたて一列にならんでいる」

で一意になります。

（4年生で、これを瞬時に納得できるような生徒は推論力が高い。時間をかけて繰り返し似たシーンを設定して徐々に理解すればよいので、この授業では深追いしない）

問五　答えが「○●●●○」に一意になるように実況中継しよう。

「黒玉三つと白玉二つがたて一列にならんでいます。両はしは白玉です」

「白玉二つが黒玉三つを上下からはさんでいます」

いろいろな説明の仕方がありますね。一意に伝わっているのでどちらも正解です。

イ 同

最後に、今日の授業のまとめをしましょう。

「実況中継するときは、相手に一意に情報が伝わるようにくふうする」

「正しく伝えよう」――授業解説

この授業では、オセロの玉を「並べた状態」（イメージ・具体例）と、その説明（文章）を正確に結びつける「イメージ同定」の力を育むことを第一目標として据えています。加えて、新しい言葉、特に辞書的な言葉の定義の仕方を強調し、その言葉の使い方を直後に確認することで、具体例同定（辞書）の力を高めます。加えて、複数の文が同じ意味を表すか、表さないかを吟味することで同義文判定の力を養います。

最初に、今日の授業のテーマと目標を明確にします。「むだなく正確に文章で伝える」ことが目標です。こういうとき、大人が陥りがちなのが「自由な題材を表現させたほうが、想像力が発達するのではないか」という誤解です。自由な題材を与えると、何を書いてよいかわからないので、かえって型にはまった表現ばかりになりがちですし、それが「正確」かどうか検証しようがありません。オセロの玉を並べるだけ、のように手を動かしながら正しさを検証しやすい題材を選ぶことが大切です。そんな制限された範囲内でも、正確に文章で表現したり、文章のとおりに図で表現したりするのは意外と難しいものです。「できるはず、なのに、結構難しい」課題が生徒の能力を一番伸ばす、というのが、私がかねてから持っている仮説です。オセロが難しすぎるお子さんには、3×3のマスに〇と×を交互に書き込んで3つつなげたら勝ち、という「〇×ゲーム」の実況中継をさせてもよいし、オセロでは簡単すぎるというお子さんには、「〇×ゲームのルールを、外国から転入してきたお友達に説明する」でもよいでしょう。私は大学2年のとき学期末の自由課題のレポート「コイン並べ[1]の解き方」を数学的帰納法で説明してAをもらったことがあります。「正確に説明する」活動はまさに「プログラミング教育」の基本なのです。直感的にプログラミングする人がいないわけではありません。ですが、それでは上級システムエンジニアにはなれません。大きなプログラムは一人では組み上げられないし、お客の要望を「正確に記述したり」チームで「共有したり」する必要がどうしてもあるからです。ですから、このオセロの授業を小学校の「プログラミング」として位置づけても何の問題もありません。そのことは文部科学省の担当課に確認済みです。どうかこの授業を取り入れた学校は、胸を張って「うちはプログラミング教育に取り組んでいます」と言ってください。

授業の前に、2週間くらい休み時間にオセロで遊ばせて、オセロに親近感をもたせておくと導入がスムーズになります。また、「遊びで使うオセロで授業をする」ということで、成績が振るわない生徒でも授業への心理的ハードルがぐっと下がります。

冒頭で、あえて「実況中継」という難しい言葉を導入します。4年生では聞きなれない言葉ですが、スポーツが好きな生徒ならば聞いたことがある言葉でしょう。「なんとなく知っている言葉を定義として改めて導入する」ということが、具体例同定（辞書）の力を育成する第一歩です。定義だけでは、はじめて触れる語を正確に身につけることが難しいので、4年生までに「なんとなく知っている語彙」を第一に会話、次に読書やテレビ（ドラマやニュース、ドキュメンタリー）の視聴を通じて十分に獲得させておくことが大切です。

生育環境などの差によって生徒の語彙量にはかなりの差があります。他の生徒が「ワールドカップのサッカーの実況中継を聞きました」「将棋で、藤井さんと羽生さんの対戦の実況中継を聞きました」と発表するのを聞くことで、語彙量格差が少しでも縮まることに期

（1）2種類のコインが3つずつ「○○○●●●」のように並んでいる。ぴったり隣り合っている2つを端に、または2つ分の空きがあるときに移動させることを1回と数え、3回の移動で「○●○●○●」または「●○●○●○」のように互い違いに並べ替えるのが基本。コインの数が n のとき、n 回の移動で互い違いにできる。

待を込めて質問し、うまく答えを引き出したい場面です。
ここでオセロの玉を6つずつ配布します。カップに入れて配布すると、時間のロスを防げます。
最初の問いは、クラスの全員が取り組めるものを選びます。

「黒玉三つと白玉三つがたて一列にならんでいる」

この問いの狙いは、「単文で表現された事実を正確に理解する」ことです。オセロの玉を並べて表現させることで、生徒が単文の意味を理解しているかどうかがわかります。生徒の並べ方をクラスで共有するために、黒板では白と黒のマグネットを使います。
2つの公立小学校と、中学受験を目指す進学塾で授業をしてみましたが、どこでも、4分の1程度の生徒は、次のように並べます。

「●●●
○○○」

つまり、「黒玉三つと白玉三つをそれぞれたて一列にならべ」てしまうのです。
また、この文を読んだときに、次のような典型的な例以外思いつかない生徒が相当数います。

「●●●○○○」

「黒玉三つ白玉三つ」の順に並ぶはず、と思い込んでしまうようです。典型的な例しか思いつかない生徒は、どうしても高学年以上の算数でつまずきやすくなります。

授業の最初の段階で、なるべく多くの「正解」を出させて、共有することで、みんなの頭を柔らかくしてあげられるといいなと思います。オセロの玉を並べている間に、教室を巡って声掛けをしたり、発表させたいものに付箋を貼って行きます。ピンクは「最初に発表させたいもの」、ブルーは「次に発表させたいもの」、黄色は「最後に発表させたいもの」など、使い分けておくと便利です。たとえば、

「●●●○○○」にピンクを、「○○○●●●」にブルーを、「○●●●○○」や「●○●○●○」に黄色をつけると、どれも正解でかつ、授業の流れをコントロールしやすくなります。正解がたくさんあるということで面白くなり、次々に手を挙げる子が出てくれば

つかみはバッチリです。

問1でつまずいた子も含めてリベンジできるように、問2に進みます。ここでは、「交互」という新しい言葉を定義します。一般には、「〇〇●●〇〇●●」も白玉と黒玉が（2つずつ）交互に並んでいると表現することがあるでしょう。それを許容すると話が発散するので、ここでは「一つおきに」と定義しておきます。そして、記憶に定着させるために全員で定義を音読します。

問2の一番のつまずきポイントは、

「●〇●〇●〇」

「〇●〇●〇●」

以外は正解ではない、と思い込んでしまうところです。「配られた6つの玉を全部使うように」と言われていないのに、なぜかそう思ってしまうのです。この授業を実践したどのクラスでも同じでした。ですが、「本当にそれしかない？　よく考えてみよう」と言ったときに、素早く「●〇●〇」も答えになることに気づいたのは、いわゆる学テの平均点が低い公立小学校でした。4年生の段階では、学テの平均点や塾に行かせているか否かでは、特に違いはなさそうです。

ここまでは授業のウォーミングアップです。なぜかというと、授業の目標は「オセロの玉を正確にならべよう」ではなく「むだなく正確に文章で伝える」ことだからです。

問3は、問1、問2とは反対の作業です。目にしたモノや状況、つまり、事実を、正確に文章で表現する、というテーマの本丸に近づきました。

問3　答えが「○●○●○●」に一意になるように実況中継しよう。

「一意」という新しい単語を導入します。これはテーマの「正確に説明する」に直結する重要な単語です。ただし、4年生で知っている生徒はほぼいないでしょう。ですから、ここまでの流れの中で「定義を読めばわかる」という状況を作り上げておくわけです。

「一意になるように説明する」のは意外に難しいことです。ここで、問1と問2を消さずに板書に残しておくことが、この問題に取り掛かるための手掛かりになります。

当然、最初に出てくるアイデアは、

「白玉三つと黒玉三つが交互にたて一列にならんでいる」

でしょう。実際、どのクラスでもこの案が出ました。このように「すれすれで間違っている案」が出やすいように授業を設計するのが同義文判定や推論の能力を高める上で効果的な授業の進め方です。

読解力の低い人は、主観的に文章を読みがちです。そこに、「本当にそれで一意に決まるのかな?」と疑問を投げかけることで、客観的に吟味させます。もし、別の案がすぐに出なければ、「問2の答えにヒントがあるかもしれないよ」などと誘導してもよいでしょう。

そして、

「●○●○●○」

も答えになり得るので、一意に決まらなかった、ということに気づかせます。そして修正案として、「一番上が白(最後が黒)」という条件を追加することを引き出します。

さきほど一意に決まらなかったことを注意されたので、用心しすぎて、次は条件を盛り込みすぎる傾向(「一番上が白で、最後が黒になる」「白玉も黒玉も三つより多くはない」など)があります。その余計な部分を、同義性を失わない範囲で削っていきます。大胆に削っても、意味が変わらないことに気づいたとき、生徒から「ああ、そうかぁ」「なるほどぉ」という声が漏れればしめたものです。そういう声は、少しの悔しさとともに腹落ちしたとき以外には出ないものです。そして、そういう経験は長く記憶に残ります。

小学校の授業時間はたいてい45分ですから、ここまで20分強で進めます。

この授業は、受け身の教え込み授業ではなく、「自分で考えてオセロの玉を並べる」「オセロの玉を並べるときの観点を挙げる」「一意になる表現を考える」というアクティブラーニングの要素が十分に盛り込まれています。ですから、このあとグループワークをする必要はありません。ですが、今、多くの学校では、「アクティブラーニング＝グループディスカッション」と思い込んでいるので、一応、このあと、課題をグループで解き、話し合い、吟味する活動を盛り込んでいます。

問4は、問3の発展、応用問題です。グループを作り、他の生徒の解答が正しいかどうか、無駄な表現はないかどうかを互いにチェックし合います。見たことを自分が正確に文章で表現するだけではなく、他者の書いた文章が正しいかどうか、無駄がないかどうかをチェックすることで、「同義文判定」や「推論」の能力を培う授業設計としています。

そして、最後にノートを出して、最後5分間で、静かに板書の文字の部分を写させます。ただし、問3と問4の答えとして挙がった文は写しません。4年生であれば、5分でこれくらいは視写できないと困ります。プリントは配りません。

そして、全員がノートを写したところで、問1と問2の答えであるマグネットを外します。加えて、問3と問4の答えの部分を消します。その「消えた部分」を埋めて、板書と同じものをノートに再現して提出することを宿題にします。

「言葉のとおりに図形を並べよう」——紙上授業2

次の授業は小学校4年生の算数です。単元名は「言葉のとおりに図形を並べよう」で、授業の目標は、①定義のとおりに正しく作図すること、②言葉のとおりに並べることです。紙上授業1に比べて「定義のとおりに作図する」「作図した図形が定義のとおりかチェックする」という点が難しいので、「並べる」ところを易しくします。

生徒が準備するものは、コンパス、三角定規2つ、方眼紙とサインペンです。先生が準備するのは、（教師用コンパスと三角定規2つと）パンダとカエルの絵[2]とマグネットです。

紙上授業 2

「言葉のとおりに図形をならべよう」
小学校4年生算数
目標　図形が定義《ていぎ》どおりにかかれているかをチェックする

今日の課題は「言葉のとおりに図形をならべよう」です。いろいろな形のものを、言葉のとおりに並べてみます。

では、さっそく、最初の問題です。パンダがいます。

でも、一人ぼっちで寂しそう。お友達がやってきました。
やってきたカエルは、パンダの「右隣」にいます。イ辞

つまり「パンダの、右にカエルがいます」。

（2）学校の授業であれば、著作権法の例外規定が適用されますから、子どもたちが好きなキャラクターを使って構いません。

これ、こうだったらどう？

やっぱり「パンダの右にカエルがいます」ですね。

「右にいる」という様子を並べるとき、方向は関係ありません。イ辞

では、これはどうでしょう。

「パンダの上にカエルがいる」

そうですね。ただし「上に」というのは2つ意味がありますね。

こういう場合も「上にある」と言います。でも、今日は、先に出てきたほうを「上にある」と呼ぶことにしましょう。

では、次の問題です。

問1　次の様子《ようす》をかきなさい。

正三角形の上に、長方形があります。 イ 数

正三角形を描くときは、どうするんだっけ？　物差しで測るんじゃなかったよね。

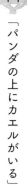

そう、コンパスと三角定規を使います。長方形のほうは、方眼紙を上手に使って作図してみましょう。できるだけ、いろいろな図を描いてみてね。できあがったら、サインペンで上書きしてください。黒板に貼るときによく見えるようにね。（机間巡視しつつ、発表させたい答案に付箋を貼っていく。最初に発表させたい典型的なものにピンク、次に発表させたいものにブルーを貼る。自信がない生徒はすぐに消しゴムで消すので、なるべく消しゴムは使わせないようにする）

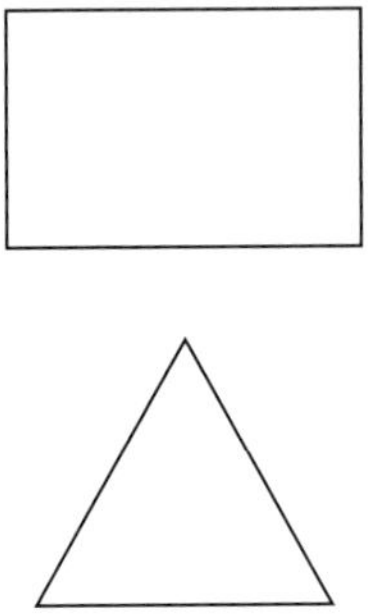

これ、どうですか？　正解ですか？

「正解です」

どうして、正解なの？

「ちゃんと正三角形の上に、長方形があるから」

「上にある」という部分は大丈夫そうですね。でも、正三角形になっていることと、長方形になっていることは、そこから見てチェックできますか？ [数]

「うーん……」

誰か、チェックしてくれる人いますか？　では、あなたは正三角形をチェックしてね、あなたは長方形を担当してください。何を持ってくる？

「コンパスと三角定規です」

そうですね。では、チェックしてください。

（正三角形の3つの辺が等しいことをチェックさせ、長方形は三角定規を使って4つの角が

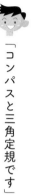

直角であることをチェックさせる）

では、結果を聞きます。どうでしたか？

「正三角形でした」

どうして？ [数]

「3つとも辺の長さが同じだったから」

そうですね。

※3つの辺の長さが等しい三角形を正三角形といいます。 [数]

ですから、正三角形になっているかどうかは、「3つの辺の長さが等しいか」をコンパスでチェックすればいいんですね。

長方形のほうはどうでしたか？

「全部の角が直角だったので、長方形でした」

※4つの角すべてが直角であるような四角形を長方形といいます。 数

これで「正三角形の上に長方形がある」を確認できましたね。よかった。

では、隣の人と交換をして、チェックをしてあげてください。（アクティブラーニング イ 数）

どうでしたか？　全部正解だった？

（チェックさせている間に、面白い図をピックアップしておき、黒板に貼る）

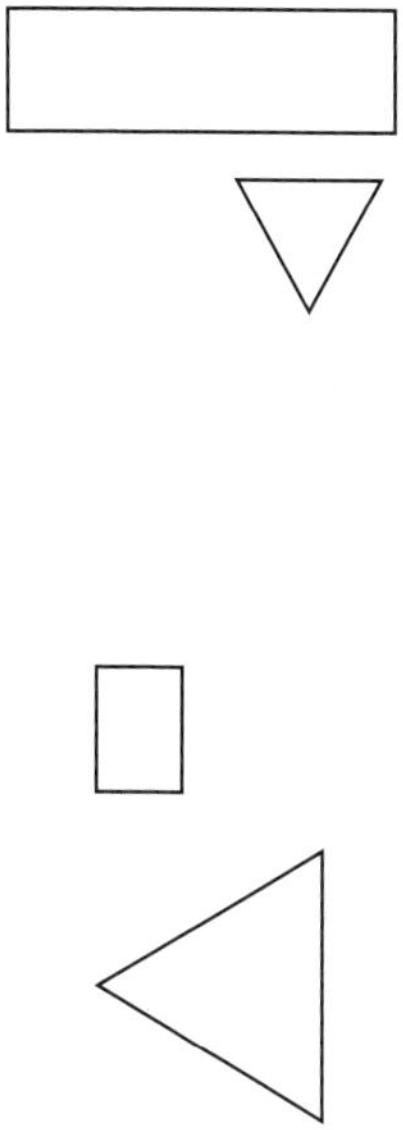

そうですね。三角形を置く方向や大きさは関係ないんでした。どれも正解ですね。

問2　次の様子をかきなさい。

二等辺三角形の左に正方形があります。 [イ][数]

なるべく工夫して面白いのを描いてくださいね。描いたらサインペンで上書きしましょう。上書きした？

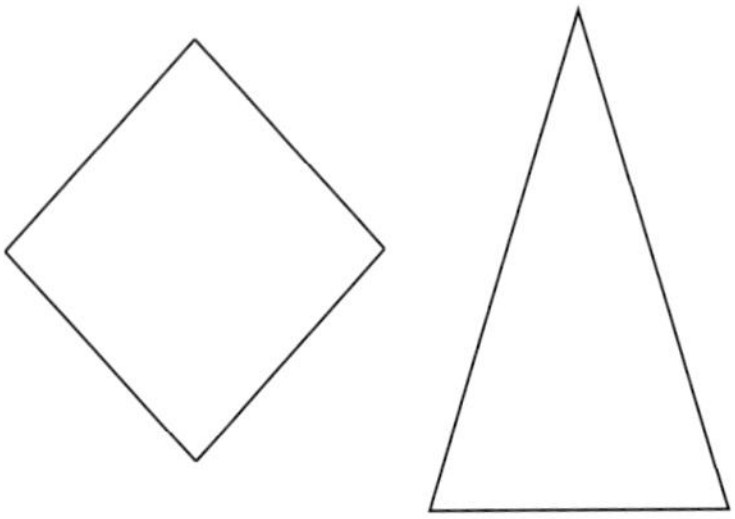

これは珍しいね。どうですか？

「正解だと思います」

「うーん、なんか変」

どこが変な感じがするの？

「正方形のほうが……」

正方形のほうがちょっと変な気がするらしい。では、誰かチェックしにきてください。

どうやってチェックするの？ イ 数

「コンパスで」

「全部の辺の長さが等しかったから、正方形だと思います」

「えーーー」

反対意見があるようですよ。正方形ってなんだっけ？　首をかしげている人もいますね。そういうときは、教科書で定義を調べてみましょう。数

※４つの角がすべて直角で辺の長さがすべて等しい四角形を正方形といいます。

そして、

※４つの辺の長さがすべて等しい四角形をひし形といいます。

「辺の長さがすべて等しい」だけではなく、「４つの角がすべて直角で」とあります。
ということは、辺の長さ以外に何をチェックしないといけなかった？

「角が直角かどうか」

では、チェックしてみましょう。あれ、微妙に直角ではないね。ということは、これはどういう四角形でしたか？ 数

「ひし形です」

そうです。この図は「二等辺三角形の左にひし形があります」という図でした。惜しかった！ でも、おかげでみんなの理解が深まりました。ありがとう。

では、隣の人と交換して、チェックしてみましょう。そして、話し合っても正しいかどうかわからないものがあったら、みんなでチェックすることにしましょう。（アクティブラーニング 数 イ）

（机間巡視をしながら、議論の様子をチェックしていく。強引に片方の意見で決まりそうなところは議論を止める）

意見が決まらなかったのがあったよね。これです。

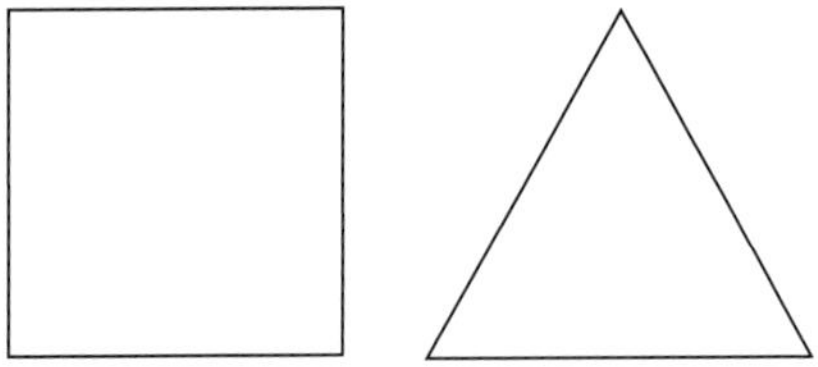

これはどうですか？

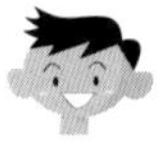

「間違ってると思います」

どうして？

「右側にあるのは正三角形で、二等辺三角形ではないから」

ちょっと待ってね。二等辺三角形の定義ってなんでしたか？　教科書で探してみましょう。[数]

※2つの辺の長さが等しい三角形を二等辺三角形といいます。

どうですか？[同]

「2つの辺の長さだけが等しくて、残りの辺が違う長さでないと二等辺三角形とは言わない」

え？　そんなこと書いてある？　そういう場合は、こう書くんじゃないかな。

2つの辺の長さだけが等しい三角形を二等辺三角形といいます。

でも、こうは書いてない。ということは、残りの1辺の長さのことについては何も書いていないから、「2つの辺の長さが等しい」ことがチェックできれば、それは二等辺三角形です。同 さぁどうかな。これは？

「二等辺三角形？」

みんな変な気分になっているみたいですね。じゃぁ、こう言ったらどうかな。この図形は、正三角形でもあるし、二等辺三角形でもあるし、三角形でもある。

では、左側にある図形は？　これは正方形だけど、それだけじゃなくて……数

「長方形でもある」

「四角形でもある」

そう。そして「4つの辺の長さがすべて等しいから……」

「ひし形でもある」

はい、そうでした。

では、今日の授業のまとめです。「言葉のとおりに図形をならべる」ときに気をつけたいのは、どんなことでしたか？

「上とか左とか、位置に気をつける」

「定義をよく読む」

はい、そうですね。そして、図形を描くときには、コンパスと三角定規を使って書きます。そして、チェックするときには定義を読み返して、定義のとおりになっているかを一つひとつチェックしていきましょう。[イ][数]

言葉のとおりに図形をならべるときには、位置《いち》に気をつける。コンパスと三角じょうぎを使って、定義どおりになるように図形をかくようにする。

宿題です。

「平行四辺形の上に、台形がある」という文章に合うような図をなるべくちがう見た目になるように3つかきましょう。［イ］［数］

偽定理を探せ——紙上授業3

今度は中学2年生の数学の授業です。授業のタイトルは「偽定理を探せ」。いくつかの命題を課題として示し、その命題が定理（正しい命題）か偽定理（間違った命題）かを判断できる力を培い、ひいては、RSTの「推論」や「具体例同定」の力を育むことを目標に考えた授業です。では、始めます。

紙上授業 3

「偽《にせ》定理を探せ」

中学2年生数学

目標　偽の定理を探せる、命題が正しいことを説明できる

今日の授業のテーマは「偽定理を探せ」です。

普段、皆さんが使っている教科書には、本当のことしか書いていません。嘘は書いていないから安心して信じることができます。先生も、たまに間違ったりすることはあるかもしれませんが、授業中に間違いや嘘を教えることはありませんね。

だけど、世の中はどうでしょうか。実は、社会に出ると、書いてあることや人が言っていることがすべて本当のことだとは限りません。残念なことに、本当のことと嘘、本当と見せかけて実は嘘であることが、混ざり合っているのが世の中です。

だから、皆さんには社会に出たとき、本当のことと嘘を自分の頭で考えて判断できるようになってほしいと思います。

そこで、今日は数学の授業を使って、本当と嘘を見分け、判断する訓練をしたいと思います。

授業の目標は2つです。

（1）偽の定理を探すことができるようになる
（2）命題が正しいことを説明できるようになる

正しいことがわかっている（証明されている）命題のことを「定理」と言います。辞
反対に正しくない命題を今日は「偽定理」と呼ぶことにしましょう。偽の定理は正しいふりをしているけれど、実は正しくありません。いろいろな命題から、定理と偽の定理を見分けられるようになるのが、今日の目標です。

では、第1問です。

問1
命題1　「0は偶数である」
この命題が正しいか正しくないかを示し、その理由を述べなさい。推数

正しいと思う人は挙手してください。迷っていいんですよ。迷うことが大切です。

なるほど。では正しくないと思う人。はい、ありがとう。半々くらいでしたね。つまり、意見が分かれたということです。議論のしがいがある。素晴らしい。

どこで意見が分かれてしまったのか、考えてみましょう。

あなたは、「偶数ではない」派でしたよね。どうしてそう思ったの？ 数

「0は特別な数だから、偶数でも奇数でもないかな、って」

なるほど。0は他の数と性質が違うよね。0を足しても増えないし、かけるとなんでも0になっちゃうし。正の数でも負の数でもないし。

あなたは、「偶数である」派でしたよね。どうしてそう思ったの？

「1、2、3、4、5、6、……って奇数、偶数の順番に並んでいるから、順番どおりだったら1の一つ前の0は偶数かな、って。でも、0はどちらでもないかもしれない」

他の人の意見を聞いたら、迷ってきたのかな？

他の意見を聞くうちに、自分の最初の意見に疑問を持つようになる、というのは議論のとても良いところです。でも、数学や科学では、決して迷うことがない意見の決め方というのがあるんです。なんだかわかる？

それは、定義に戻る、ということ。

定義ってなんだかわかりますか？　数学や科学では、新しい言葉を入れるときに、必ず「～を……という」とか「～のことを……とよぶ」という文章が出てきます。この文章が「定義」です。そこに、その言葉の意味が書いてあるので、辞書を引くようにその文章に戻りさえすれば、数学や科学では何が正しいのか、わかるんです。

では、「0は偶数である」が正しいかどうかチェックするには、何の定義を調べればいいかな。［数］

「偶数の定義だと思います」

拍手。そのとおりですね。偶数が何かわかってないと、「0は偶数である」が正しいか正しくないか証明することはできません。

じゃ、偶数って何？　偶数の定義覚えてる？

あら、しーんとしちゃいましたね。小学校で習ったのよ。5年生の教科書を写すから見てね。[数]

※2で割り切れる数を偶数といいます。2で割り切れない数を奇数といいます。

「ああ、そう言われればそうだったな」っていう顔をしていますね（苦笑）。これが定義。ここに戻って考えましょう。

小学校の教科書には「2で割り切れる数を偶数という」と書いてありました。中学生になって、0より小さい「負の数」が登場しました。小学校で習ってきたマイナスのつかない数を「正の数」と呼ぶことになりました。0は正でも負でもない数です。そして、

……，−5，−4，−3，−2，−1，0，1，2，3，4，5，……

のように、0に1を次々足したり、次々引いたりすることで得られる数を「整数」と

呼ぶのでしたね。中学生からは偶数の定義が少し変わります。

※2で割り切れる整数を偶数といいます。そうでない整数を奇数といいます。

偶数の定義には条件が2つあります。「2で割り切れる」と「整数である」の2つですね。だから、確認しなければならないのは、「0が2で割り切れるかどうか」と「0は整数かどうか」の2つです。[数]

まず、0は整数かどうか、からチェックしましょうか。

「整数です」

そうですね。こちらは反対する人はいませんよね。次に、「2で割り切れる」かどうかです。ところで「割り切れる」とはどういうことですか。[数]

「その数で割っても余りが出ないことです」

「2の倍数になっていることです」

はい、どちらも正解です。

では、0を2で割ってみましょう。

「0は割ったらいけない……と思います」

んん？　それは「0で割ってはいけない」ことと混同していませんか？

怖がらずに、式を書いて0を2で割ってみましょうよ。

$0 \div 2 = 0$

余りは？

「ない。ありません」

検算してみましょう。

2×0＋0＝0

正しかったね。ということは、0は2で割り切れる、ということですね。0は、「整数である」と「2で割り切れる」という偶数であるための2つの条件を満たしています。従って、「0は偶数である」は定理です。推

定理
0は偶数である。

与えられた命題が定理か偽定理かを見分けるには、定義に照らして確認することが大切です。よく覚えておいてください。

では次の問題です。

問2
命題2「3の倍数は必ず6の倍数になる」
この命題が定理か偽定理かを示し、理由を述べなさい。

はい。では、定理と思う人は挙手してください。なるほど。では偽定理だと思う人。こっちのほうが随分多いね。多数決なら偽定理です。でも、数学の答えは多数決では決められません。

では、確認しなければいけないことを教えてください。推数

「倍数の定義だと思います」

そうだね。では、3の倍数と6の倍数の定義です。教科書には「3に整数をかけてできる数を、3の倍数という」とあります。6の倍数は「6に整数をかけてできる数」ですね。

2つのことを確認した上で、命題2が定理か偽定理かを判断しましょう。

6の倍数にはどんなものがありますか？

「… -12, -6, 0, 6, 12, 18, ……」

では、3の倍数は？

「… -6, -3, 0, 3, 6, 9, ……」

3の倍数は「必ず」6の倍数になるというのが命題2です。どうかな。3の倍数のうち、6の倍数ではないものはありますか？

「-3や3」

そうですね。「必ず」と言っているのに、3の倍数には6の倍数には入ってない3や9が含まれています。従って、これは偽の定理です。推数

この-3や3のように、ある命題について、正しくない例のことを「反例」と言いま

す。言い換えると、反例とは「命題が成り立たないことを示す例」のことです。反例を見つけることができれば、その命題は正しくない、つまり、偽の定理だと見分けることができます。よく覚えておいてくださいね。推

反例を見つけられれば、偽定理を見破れる。

では、グループ学習に移ります。課題は次の3つです。3つの命題が定理か偽定理かを示し、その理由を述べてください。（アクティブラーニング推数）

命題A　「連続する2つの整数の和は奇数である」
命題B　「素数はすべて奇数である」
命題C　「6の倍数は必ず3の倍数になる」

定義を確認しておきます。奇数、倍数はすでに定義を確認しています。残りは素数の定義です。数

「素数とは1とその数自身以外の約数をもたない正の整数です。ただし、1は素数

ではありません」

では、3つの命題が定理か偽定理かをグループで考えましょう。

（シンキングタイム）

はい、では発表してください。まずは命題Aです。

「命題Aは定理です。理由は、整数は連続する数は、偶数と奇数か、奇数と偶数です。偶数＋奇数は奇数、奇数＋偶数も奇数で、どちらも和は奇数になるからです」

よくできました。グループ1に拍手。これだけうまく説明できたら小学校の先生になれますよ。でも、皆さんはもう中学生ですから、式を使って説明してほしいな。

「連続する数は、nと（$n+1$）と書くことができます。連続する2つの整数

の和は$n+(n+1)$と書くことができ、$n+(n+1)=2n+1$だから、連続する数の和は、いつも奇数になります」

素晴らしい。よくできました。拍手。では命題Bです。

「命題Bは偽定理です。2は2で割り切れるため偶数ですが、約数は1と2だけなので素数です。2は偶数なのに素数です。だから『素数はすべて奇数である』という命題は偽定理です」

そうですね。2が反例になったので、偽定理を見破れたんですね。よかった。最後に命題C。定理、偽定理のどっちだったのかな。

「命題Cは定理です。まず、6の倍数には0、6、12、18、24などがあり、3の倍数には0、3、6、9、12、15、18などがあります。6の倍数の数はどれも3の倍数に含まれていて、反例は見つからないので、命題Cは定理だと思います」

なるほど。でも、どうでしょう、これで命題Cは定理だと本当に言い切れますか？

推数

「だいたい証明できていると思うけど、もっと大きな数かマイナスの数に反例が見つかるかもしれないから……これでは足りない」

そうなんです。グループ3は「いくつかチェックしただけ」ですね。それでは「反例はない」とまでは言い切れない。偽定理であることを示すにはたった一つ反例を示せばいい。けれども定理であることを示すには、証明しなければいけません。命題Aで証明したように、数式を使って証明してみましょう。推数

「まず6の倍数は6nと書くことができます。ただしnは整数です。

6n＝2n×3

とも書くことができます。2nは整数ですから、6nは3の倍数です。なので命題Cは定理です」

よくできました。ありがとう。拍手。

では、今日の授業のまとめです。[推]

偽定理を探すには、まず反例を見つけます。反例が一つでも見つかればそれは偽定理です。次に、命題が定理であることを証明するには、命題の中にある言葉の定義を確認し、その命題が定義に反していないかどうかをすべてチェックします。

今日の授業の最初にも話したとおり、教科書には本当のことしか書いてありませんが、世の中には本当ではないことや、本当のように見せかけて実は嘘であるようなことがたくさんあります。今日の数学の授業で学んだ、偽定理の探し方を身につけて、本当のことと、間違っていることを自分の頭で考えて判断できる大人になってください。

遊びながら文章の構造を理解する——休み時間

番外編 休み時間の遊び

休み時間ですよ。今日は先生と一緒に、言葉のゲームをしましょう。簡単な文に、いろいろな言葉を足していくゲームです。ちょっとやってみますね。係

雪がふった。
白い雪がふった。
白い雪がたくさんふった。
朝、白い雪がたくさんふった。
きのうの朝、白い雪がたくさんふった。
きのうの朝、白いこな雪がたくさんふった。
きのうの朝、まっ白いこな雪がたくさんふった。

わかりますか。前の人が言った文に、一つだけ言葉を足して、しりとりみたいに次の人にパスします。パスをもらった人は、もう一つ言葉を足して、別の人にまたパス

します。
じゃ、3人ずつのグループでやってみようか。前の人の文を忘れちゃったり、言葉を足せなくなったりしたらアウトですよ。
最初の文は「カラスがとまった」です。

「カラスがとまった」

「電線にカラスがとまった」

「電線にカラスが2羽とまった」

「電線に黒いカラスが2羽とまった」

「電線に白いカラスと黒いカラスが2羽とまった」（えー！）

「電線に白いカラスと黒いカラスが2羽とまったのを見た」

「今朝、電線に白いカラスと黒いカラスが2羽とまったのを見た」

「今朝、電線に白いカラスと黒いカラスが仲良く2羽とまったのを見た」

はーい。よくできました。なんだか物語みたいになりましたね。白いカラスと黒いカラス。そして2羽は仲良しなんですね。

ご紹介したのは、小学校中学年向けに考案した、文章構造を理解する遊びです。主語と述語だけの簡単な構造の文から始めて、形容詞や副詞などの修飾語を加えていくことで、文章の構造を自然と理解できるようにと、考えました。

これは、学童保育を請け負っているNPO法人の依頼で、福島県のある町で講演をしたときに考案しました。講演後のトーク時間に、「学童保育の時間内でも、何か子どもたちの読解力を上げる方法はないでしょうか」と質問があり、この遊びをふと思いついたのです。

文章理解の基本中の基本である「係り受け」は、文法の授業でいくら教えてもなかなか身につきません。どちらかというと退屈な単元の一つです。文法を使わずに文構造を正しく理解させるために、こんな遊びを考えつきました。

一語ずつ増えていく文章を正確に覚えないとアウトになりますから、短期記憶のトレーニングにもなるのではないかと思います。

高学年には難しい言葉を使うように促すことで、語彙を豊かにしていく効果もあると思います。中学生は英語で同じような遊びをしてみるのもよいのではないでしょうか。


以上で紹介した紙上授業は、どれも「国語」の時間で指導すべきだと思っています。「偽定理を探せ」を含めて、です。

実は私は、2004年から東京都世田谷区で小中学校に導入された「日本語」という科目の設計にたずさわりました。「ゲームを定義しよう」や「自分の家から学校までの道順を説明しよう」という単元は私が発案しました。そうした単元が小学校の国語教科書に採用され始めています。たとえば、東京書籍の小学校の国語の教科書には、ヒマワリの観察日記の書き方の指導や、ゲームのルールを友だちに正確に伝えるにはどうしたらよいか、あるいはA地点からB地点まで行く道順を説明するといった課題が取り上げられています。

2022年度から実施される高等学校の新学習指導要領は、小中学校の国語教育改革の流れの延長線上にあるのでしょう。日本の国語教育は変革期を迎えているのです。RST

や私たちが提案する新しい授業はこの流れにさらに勢いをつける取組みだと考えています。

「国語」とは何か

さて、子どもたちの読解力を培うために私たちが新しい形の様々な授業を提案しているのは、RSTの結果が示すとおり、現在の学校に読解力を培う教科や授業が不足しているのではないか、と案じているためです。

一般に、学校で読解力の涵養に資する教科は国語であると理解されていることには異論はないでしょう。子どもたちの読解力を培うのは国語だと多くの人が考えているはずです。であるとすれば、RSTの結果が示す現実は、小中学校や高校の国語の授業がそのようには機能していないことを示している、と言わざるを得ません。

RSTを受検した学校の先生方の多くが同じことを口にします。

「RSTで問うような、科目によらない基礎的な読解力は『国語』を通じて身につけてほしいのに、現状の国語教育ではそれが身につかない」「正直言って『走れメロス』に感動させる前に、ふつうの文章を正確に読めるようにしてほしい」「国語の先生は、『いい話』で生徒を感動させることと、漢字や滅多に使わないような語彙を身につけさせることが、授業の成功だと思っている」「国語科では国語の教科書から範囲を指定して、毎時間語彙テストをしている。範囲を指定して予習させるので正答率は高く、国語科の教員は満足している。しかし、生徒たちが世界史の教科書を読解できているかというとまったくそうではない」

そんな声をたくさん聞きます。

対照的に、国語の先生からはこんな発言を何度も聞きました。

「私が教えていたころは、こんな短文を読めないような生徒はいませんでした。短期間で読解力が急激に落ちたんですね。驚きました」——5年前まで公立高校の国語の教員として教壇に立っていて、現在、中堅公立高校の教頭先生をしている先生の言葉です。そんなわけはありません。その先生が教壇に立っていたときも、生徒は読めていなかったはずです。

「これが読めない学校の生徒もいるんですねぇ。うちの学校では読めていると思いますが」——旧帝大に一人も入学しない、県内で上から3分の1あたりの偏差値の高校の国語の先生のコメントです。RSTと偏差値の相関の高さを考えると、RSTの具体例同定（理数）やイメージ同定の正答率は5割を切るはずの高校です。

他の科目の先生たちの多くが「生徒たちが読めていない。読めないから暗記に走っている」と正確に認識しています。なぜ「読み」の専門家である国語の先生が、「生徒たちが読めていない」ということを実感できないのでしょう。不思議な現象ですが、もしかすると、国語の先生が考える「読解力」と、私たちが提唱している（どの科目の教科書も読んで理解できるようになる）「基礎的・汎用的読解力」は全然別のものなのかもしれません。

そもそも、「国語」とはどのような教科なのでしょう。「国語」という科目は、学校教育でどのように位置づけられているのでしょうか。

学校の授業は文部科学省が定める「学習指導要領」を基準に設計されています。「全国どこの学校でも一定の教育水準を保てるよう」（文部科学省）にするためです。学習指導要領は概ね10年ごとに見直されます。その時代の学習指導要領で育った人を「○○世代」とくくることがしばしばあります。たとえば、1999年から2000年にかけての改訂では、「総合的学習の時間」が導入され、「ゆとり教育」と言われました。その教育を受けた1987年から2004年生まれの若者は「ゆとり世代」と呼ばれたりします。

学校で使う教科書には検定制度があり、文部科学大臣が「適正」と認めなければ教科書として採用されません。教科書の改訂はほぼ4年に一度実施されていますが、学習指導要領の改訂期には、それに沿った教科書の大改訂が行われます。

けれども、学習指導要領は法律ではありません。それより先に、教育の原則を示す教育基本法と、その精神に基づいて、学校教育制度の根幹を定める学校教育法があります。たとえば、小学校6年、中学校、高等学校各3年の6・3・3制を定め、小中高等学校の意図やその意義、基本となる科目の位置づけをしているのが学校教育法です。

小中学校の義務教育で学ぶことについて、学校教育法の第二十一条は次のように定めています。

第二十一条　義務教育として行われる普通教育は、教育基本法（平成十八年法律第百二十号）第五条第二項に規定する目的を実現するため、次に掲げる目標を達成するよう行われるものとする。

一　学校内外における社会的活動を促進し、自主、自律及び協同の精神、規範意識、公正な判断力並びに公共の精神に基づき主体的に社会の形成に参画し、その発展に寄与する態度を養うこと。

二　学校内外における自然体験活動を促進し、生命及び自然を尊重する精神並びに環境の保全に寄与する態度を養うこと。

三　我が国と郷土の現状と歴史について、正しい理解に導き、伝統と文化を尊重し、それらをはぐくんできた我が国と郷土を愛する態度を養うとともに、進んで外国の文化の理解を通じて、他国を尊重し、国際社会の平和と発展に寄与する態度を養うこと。

四　家族と家庭の役割、生活に必要な衣、食、住、情報、産業その他の事項について基礎的な理解と技能を養うこと。

五　読書に親しませ、生活に必要な国語を正しく理解し、使用する基礎的な能力を養うこと。

六　生活に必要な数量的な関係を正しく理解し、処理する基礎的な能力を養うこと。

七　生活にかかわる自然現象について、観察及び実験を通じて、科学的に理解し、処理する基礎的な能力を養うこと。

八　健康、安全で幸福な生活のために必要な習慣を養うとともに、運動を通じて体力を養い、心身の調和的発達を図ること。

九　生活を明るく豊かにする音楽、美術、文芸その他の芸術について基礎的な理解と技能を養うこと。

十　職業についての基礎的な知識と技能、勤労を重んずる態度及び個性に応じて将来の進路を選択する能力を養うこと。

国語の役割を読み解く上で、まず注目すべきは第五号です。「読書に親しませ、生活に必要な国語を正しく理解し、使用する基礎的な能力を養うこと」と定めています。

つまり、国語の目的は「生活に必要な国語を正しく理解し、使用する基礎的な能力を養う」ことにあり、その対象となるのは「生活に必要になるような国語で書かれた」すべての文書であるはずなのです。「読書に親しみ」ともあります。「読書＝物語や小説を読むこと」という先入観を持っている人も多いと思いますが、「読書」とは書物を読むことであって、小説や物語だけではなく、百科事典も数学書も、あらゆる書物が当然、読書の対象になります。

「それは極論なのでは？」

と思う方は第九号に注目してください。「生活を明るく豊かにする音楽、美術、文芸その他の芸術について基礎的な理解と技能を養うこと」とあります。文芸について基礎的な理解と技能を養うことは、国語について定めた第五号とは別に定めているのです。

法律上、文芸は音楽や美術と併記される「芸術」枠なのです。

国語は中学・高校では、数学、英語と並んで「主要3科目」とされ、音楽や美術に比べて圧倒的に多くの授業時数が割り当てられています。入試でも国語・数学・英語は理科や社会に比べて配点が高い傾向があります。一方、音楽や美術の入試があるのは特殊な学校だけです。国語が主要3科目の一角を担っているのは、国語が「生活に必要な国語を正しく理解し、使用する基礎的な能力を養う」科目だという大前提があるからです。

しかし、現実はどうでしょう。中学以降、特に高校国語で勉強したのは、詩や古典も含めた文芸作品ばかりで、ほとんど芸術鑑賞だったという記憶をお持ちの方が多いのではないでしょうか。数学の文章題や理科の実験の手順書の正確な読み方を、国語の授業で教わった人など、ほとんどいないに違いありません。本来ならば、「誰もが、誰かをねたんでいる」と「誰もが、誰かからねたまれている」の違いや、「2つの辺の長さが等しい三角形を二等辺三角形という」と「2つの辺の長さだけが等しい三角形を二等辺三角形という」の違いなどは、算数や数学で学ぶ前に、国語で身近な例にひきつけて教えておいてほしいことがらです。

特に、RSTの結果から、「教科書が読めない子どもたち」が大勢いることが明らかになっているのですから、国語教育を見直す時期でしょう。

「論理国語」と「文学国語」

遅まきながら、文部科学省もその必要性に目を向け始めています。2018年に改訂され2022年度から実施されることになっている新学習指導要領で、高校の国語が「現代の国語」(2単位)、「言語文化」(2単位)、「文学国語」(4単位)、「国語表現」(4単位)、「古典探究」(4単位)と、「論理国語」(4単位)という科目に再編されることになったのです。聞きなれない「論理国語」が登場するところが注目点です。

「現代の国語」と「言語文化」は必修です。高校1年生で履修することが想定されています。新学習指導要領を見ると、「現代の国語」で取り上げる教材は「現代の社会生活に必要とされる論理的な文章及び実用的な文章とする」と書かれています。つまり、「現代の国語」は、「近現代の小説や評論」を扱ういわゆる「現国」とは違うようです。ここには小説や詩歌のような文芸は入らないのです。私はこの科目に教科書は不要なのではないか、と実は思っています。むしろ、国語と英語以外の科目の教科書や新聞を使って国語の先生が授業をしたらよいのではないかと思うのです。

先日、板橋区と戸田市の中学3年生に、「月の起源を探る」という小久保英一郎さんという天文学者が書き下ろしたエッセイを扱う国語の授業を考案しました。中学3年生はちょうどその時期、理科で「地球と宇宙」という単元を学習しています。また、その直前に重力や摩擦を学んでいます。指導要領の制約がありますから、理科では「月はなぜそこにそのようにあるのだろう」のような内容まで踏み込むことはできません。月の起源を探ることに情熱を傾けている研究者の手によるエッセイと、やや無味乾燥な理科の教科書を「併せて」読むことで、少しでも理解が深まり、「月はどうして地球に落ちてこないのだろう」「どのように太陽系は生まれたのだろう」ということに考えを巡らしてほしいと願って、そのような授業を考えました。授業をするときには、国語の教科書と理科の教科書を机に置き、「惑星、衛星、自転周期」のような言葉が出てきたら理科の教科書で調べ、太陽系の惑星の半径や質量、組成などを理科の教科書で確認しながら、本文を読解していき、それでも残る疑問を自分の言葉で書く、という授業です。

高校国語の教科書がこういうことを意識してくれるなら、どれほど生徒は助かるでしょう。読解ができずに暗記に走ってしまう生徒をどれだけ「意味」に引き戻すことができるでしょう。国語は、すべての教科の知識に命を与える科目になり得るのです。

一方、「言語文化」で取り上げる教材は、「古典及び近代以降の文章とし、日本漢文、近代以降の文語文や漢詩文などを含めるとともに、我が国の言語文化への理解を深める学習に資するよう、我が国の伝統と文化や古典に関連する近代以降の文章」とあります。私は、新センター入試の古文・漢文は、「言語文化の範囲内から出題する」のがよいと考えています。数学のセンター入試では、「数学Ⅰ・A（数学Ⅱ・B）から出題する」のように明言しています。専門的すぎる数学Ⅲはセンター入試では科目として設定していません。一方、これまで国語は「国語」としか書いておらず、どこからどこまでが出題範囲なのか判然としませんでした。センター入試は基本的に必修部分の達成度を測るのがその趣旨ですから、高度な「古典探究」からの出題は控え、「言語文化」から出題するのが適切でしょう。工学部や理学部に進む受験生が二次試験で数学Ⅲを課されるように、「古典探究」は文学部に進む受験生が二次試験で課されるのが妥当だろうと思うのです。

そうすると、高校2、3年生は、「論理国語」と「文学国語」と「古典探究」と「国語表現」から2科目を選択することになるでしょう。なぜか文学界隈では、「論理国語」と「古典探究」を選択するので、誰も「文学国語」を選択しなくなると悲観しているようです。私は、「論理国語」と「文学国語」を選択するのがスタンダードになるのではないかと予想しています。高校1年生の「現代の国語」では、基本的に文芸は扱わないのですから、やはり、高校生の間のどこかで文芸に触れる機会はあったほうがよいでしょう。ただし、条件があります。現状の現代国語、いわゆる「ゲンコク」は何重にも偏っているのです。

まず、書き手の性別が偏っています。高校国語のシェアの三強は、東京書籍、大修館書店、第一学習社だと言われています。必修の「国語総合」の最もシェアの多い教科書について、3社のホームページをもとに書き手の男女の数を比較したのが表8-1です（ただし、

表8-1　高校の現代文の教科書における執筆者数（男女別）

教科書会社	評論		小説		エッセイ		詩	
	男性	女性	男性	女性	男性	女性	男性	女性
東京書籍	12	0	4	1	0	2	3	1
大修館書店	16	2	7	2	1	1	2	1
第一学習社	15	2	4	2	1	1	2	1

（注）　分析に使用した教科書は、『国語総合　現代文編』（平成29年度改訂、東京書籍）、『国語総合　改訂版　現代文編』（平成29年度発行版、大修館書店）、『新訂国語総合　現代文編』（平成29年度改訂、第一学習社）

俳句・短歌と附録は除きます）。

「なんじゃこれ!?」――私としたことが、あまりのアンバランスさを前にうっかり叫び声を上げてしまいました。何をどう考えてもおかしいでしょう。女性は論理性が欠落しているので、国語の教科書に採用され得るような評論が書けない、とでもいうのでしょうか。

ジェンダー論には「隠れたカリキュラム」という概念があります。正規のカリキュラムのどこにも書いていないのに、既存の制度や教師の行動などを通して暗黙のうちに教え込まれるものがあるという議論です。国語の教科書で女性の手によるものが主として詩やエッセイに留まり、多くの時間を割いて教える評論や小説の著者を圧倒的に男性が占めれば、生徒たちは暗黙のうちに、誤った男女の役割分担や優劣を刷り込まれてしまうでしょう。国語教科書が無意識にその片棒を担いでいるなら大変悲しいことです。芥川賞受賞者数が男女ほぼ半々になる中、国語教科書で取り上げる作品の著者の男女割合は早急に是正されるべきでしょう。内閣府の男女平等参画の担当課は、文部科学省に強く申し入れるべきです。

次に、取り上げる作品、特に小説が偏っています。戦後GHQの検閲から解放されて65年が経ちました。その間、高校国語の教科書に一貫して採用されてきた作品群があります。芥川龍之介の『羅生門』、夏目漱石の『こゝろ』、森鷗外の『舞姫』、中島敦の『山月記』です。中学国語では太宰治の『走れメロス』が同様に外せない作品とされています。

何十年も同じ作品ばかりが取り上げられることに対して、実は文学者からも強い批判があるのです。文芸雑誌『文学界』が2002年に「漱石・鷗外の消えた『国語』教科書」という特集を組んだとき、「現行の『国語』教科書をどう思うか?」というアンケートが行われ、49名の作家、評論家から回答が寄せられました。判で押したように同じ作品がどの教科書でも採用されていることに対して、多くの文学者が不満をぶつけています。たとえば、作家の出久根達郎氏は「どの版元の、(中学)二年用教科書にも太宰治の『走れメロス』がもれなく入っていることや、同じ作者の同じ作品が重複していることなど、編者の視野の狭さと安易さ、文部科学省の画一主義が読みとれます[3]」、四方田犬彦氏も「文部科学省が指導でもしているのでしょうか」などの感想を寄せています。「お上=文部科学省」の指導があるはずだ、と考えないと辻褄が合わないほどに、この画一性は小説家・評

(3)『文学界』2002年「漱石・鷗外の消えた『国語』教科書」より。

論家たちに異様に映ったのでしょう。

けれども、「外せない」理由は、学習指導要領でも文部科学省でもありません。教科書会社の視野が狭いからでも、ありません。現場の国語教員の強い意向なのです。高校国語を出版している複数の教科書会社にヒアリングをしましたが、「夏目漱石の『こゝろ』や中島敦の『山月記』を外すと、採択率が目に見えて下がる。恐ろしくてそんなことはできない」「かつて某社の国語の編集トップが思い切って作品の入れ替えをした。それが裏目に出て採択率が下がり、その編集者は更迭された」というような話ばかりを聞かされました。

社会が変わり、青少年の抱える悩みが変わったにもかかわらず、なぜ十年一日、いえ、六十年一日のごとく、高校国語教員は同じ作品を教えることにこだわり続けてしまったのでしょう。それらが「文豪」の手による「日本文学の金字塔」だからでしょうか。そうではないでしょう。指導案が安定している作品を教えるほうが圧倒的に楽だからです。特に、明治時代の作品や、漢文調で書かれている『山月記』を教える際は、国語の教員のほうが多くの背景知識を持っていますから、生徒に対して優位に立つことができます。一方、新しい作品を教えるには、教材研究、授業案検討に多くの時間を割く必要があるでしょう。私は「月の起源を探る」の授業案を考えるのに、約1週間を費やしました。それでもまだ満足のいく指導案にはなっていません。多忙な高校の先生にとって、（評論や詩の入れ替えは許容範囲ではあるが）メインとなる小説を大幅に入れ替えられると、破綻してしまうとの不安感が大きかったのではないでしょうか。

けれども、文学者も含めて多くの人が違和感を持ち、教科書会社も「これでいいのか」と悩んでいた国語教科書の内容を変える日が間もなくやってきます。それが、2022年に始まる高校国語の再編なのです。

私は、国語の先生には他科目の教科書も読み込んで、科学的文章や文明論について、表面的な読解ではなく、「なぜそうなったのか」を、高校範囲までの科学や歴史、地理、情報などの知識を総動員して、深く意味を読解する授業を展開してほしいと思っています。けれども、国語の先生がそれを一人でするのは、大変です。間違って教えては大変だ、という不安もあるでしょう。そういうときには、理科や社会科の先生に指導案を見てもらい、アドバイスを乞えばよいと思います。理科や社会科の先生は、日頃から、生徒たちが教科書を読解できないことに悩んでいるのですから、ぜひ国語の先生に協力してほしいのです。それが、科目横断型授業のあるべき姿でしょう。

第9章

意味がわかって読む子どもに育てるために

幼児の権利

子どもは、言葉と論理の「タネ」を宿して生まれてきます。数量感覚も相当早くから持っていることが認知心理学の実験からわかっています。1歳前後になると歩き始めます。うれしそうにニコニコ笑いながらよちよち歩き、転んで泣きます。何度転んで泣いても、また歩き、次はしゃがみます。歩いて、しゃがんで立って、それを繰り返しながら外の世界が「どのような理で成り立っているか」を探検し始めます。外の世界には、犬や、ゴマ粒のように小さい黒いアリがいます。

たいていの親は「ワンワンだねぇ」とか「アリさんがいるね」とは言っても、「犬（アリ）が歩いているね」とは教えません。けれどもなぜか、小さい子はそれらが「歩く」と理解する。一方、車や電車は動くが歩きません。どうやって彼らがそれらを区別しているのか、なぞです。

幼児が自分の五感で感じ取った外部世界のリアリティを「毛のふさふさした茶色の犬が飼い主と歩いている」という記号列でしかない文を徐々につなげていきます。それが「意味を理解しながら文を読み書く」ということの第一歩です。それを成功させる上で、幼児期の外部との濃密な接触と身近な大人たちが使う母語となる言葉のシャワーの果たす役割は極めて重要なことは明らかです。

けれども、そのような幼児の権利は現代では無視されがちです。この10年で、幼児が2歳を超えてもバギーに乗せられて移動するのを多く目にするようになりました。親の都合が優先され、一番歩きたい・走りたい盛りの1歳から4歳までの「歩く権利」が奪われているのです。人間は怠惰な生き物だから、一度バギーに乗る「楽さ」を覚えると、今度は歩かせようとしても歩かなくなります。車に乗ることが日常のアメリカや日本の地方の人々が、1キロの距離を歩けなくなるのと同じです。

歩かなければ、アリが行列を作って何かを穴に運んでいる光景に出会うことはありません。木の葉がくるくると回りながら落ちてくる様子に目をとめる機会もありません。霧雨が雨に変化する瞬間にも出会えません。

「そういうことはキャンプに行ったりすればできる」という人もいるでしょう。しかし、ホモ・サピエンスは何万年も、365日外部と接する体験をして育ってきたのであって、年に一度のキャンプ体験で365日をかけてするはずだった経験をカバーできると考えるのは、あまりに傲慢でしょう。

もはや親の自覚を促すことだけでは、この状況の改善を見込めないところまで来ていると私は考えています。それでは、単に自覚と時間と心の余裕がある親を持つ子どもと、そうでない子どもの間の格差が広がるだけでしょう。

では、どうすればよいでしょうか。「すべての幼児はゼロ歳から保育園に通う権利がある」「すべての小学生は学童保育に通う権利がある」と法律に明記すればよい、と私は思います。そして、すべての子どもに、ゼロ歳から十分に母語のシャワーを浴びる機会、インターネットから切り離されてリアルな外部の世界と接触する十分な機会、そして、歩いたり、走ったり、同年代の子どもと喧嘩をしたり仲直りをしたりする機会が保証されるべきだと思います。

ほとんどの子どもは、6歳になると近所の公立小学校に進学します。それは大変好ましいことです。公立小学校は社会の縮図です。彼らは、そこで世の中には多様な背景や異なる能力を持つ子がいる、ということを学びます。発達が遅い子、障害のある子、日本語が母語ではない子、就学援助を受けている子。

そうした社会の多様性を知る権利も、子どもにはあります。同じ能力、似たような価値観の親を持つ生徒を集めて教えたほうが効率が良いという意見がありますが、私は賛成できません。なぜなら、要領が良い生徒や成績の良い生徒が、真に考える生徒になるための最も良い経験は、「わからない」「できない」と言うクラスメートが「わかった」「できた」

と喜ぶまで丁寧に説明する経験を経ることだからです。自分が「わかった」「できる」ところまでは、まだ半わかりに過ぎません。わからない人がわかるように説明できたときに、初めて「わかった」なのです。

私はいわゆる「現代化」の学習指導要領で育った世代です。もっとも教科書が厚く、授業についていけない「落ちこぼれ」という言葉が広まった時代です。私は公立の小中高校に通い、テレビドラマ「金八先生」の初回が放映されたときに、中学時代を過ごしました。私の通った小平市の公立中学校もドラマと同じように荒れていました。教室の窓ガラスが割られたり、先生の車のタイヤがパンクさせられることは日常茶飯事でした。恐ろしくて、一日も早く卒業したいと願いました。

しかし、学級委員だった私は、授業についていけないクラスメートに英語を教えるよう担任の先生に言われました。自分も受験勉強で忙しい中、長い学ランにパンチパーマで、Monday, Tuesdayも綴れないような同級生に英語を教えなければならなかったのです。彼らのためにプリントを自作しました。それ自体は私の英語の勉強の足しにはなりませんでした。けれども、彼らと毎日接した経験が、読解力が人生を左右するという信念になり、RSTに結晶したのでしょう。加えて、もし、私が書く文章が、数学者・情報学者であるわりに比較的読みやすいとしたら、彼らにわかるように日々たとえや説明を工夫した成果なのかもしれません。

「意味がわかって読める」ために

リーディングスキルを向上させると私が考えている幼児・児童時期の教育のあり方をまとめると次のようになります。これらは「科学的」に検証されたことではありません。人を対象とする研究には、大きな制約があります。科学的に結果を出すには倫理的に許されないようなこと（乳児を親から隔離して特殊な環境で育ててみるなど）をしなければならないことが多いのです。

ですから、以下の部分はあくまでも、これまでの複数の自治体からのヒアリングや教室での子どもたちの観察などを通じて、私が主観と論理から導き出したことに過ぎないことをあらかじめ断っておきます。

〈幼児期〉

1．身近な大人同士の長い会話を聞く機会を増やすこと。特に多様な年代の大人同士の会話を聞く機会があるとよい。

2．身近な大人が絵本を開いて、繰り返し読み聞かせをしてあげてほしい。大人にとって繰り返しは往々にして苦痛だが、幼児にとっては繰り返しが楽しい。

3．信頼できる大人に、自分は守られている、という実感を持てること。

4．社会（文字、数、貨幣、移動手段、調理など）に関心を持つようになったら、ごっこ遊びができる環境を作ったり、広告や駅名を読んでやったり、（電子マネーではなく）貨幣で何かを買ったり、簡単な調理を一緒にしたりする機会を増やしてあげたい。

5．日々の生活の中で、子どもが身近な小さな自然に接する時間を取ること。たとえば、水は高いところから低いところへ流れること、そのときに水が物を押し流す力があること、夕方最初に大きく光る星（宵の明星）があること、月が満ち欠けすること、秋になると紅葉し落葉する木とそうでない木があること、花をつける植物は種ができたり実をつけたりすること、鳥が巣をかけてその中に卵を産みヒナを育てること、などが含まれるだろう。子どもが十分に満足するまで、そのことをじっくり観察したり感じたりする時間を取ってあげたい。

6．子どもが自分の関心に集中できる時間を十分に確保すること。

7．同世代の子どもたちと、十分に接する機会が確保されること。また、少し年上の子どもたちがすることを真似たり、憧れたりする機会が確保されること。

（小学校低学年）

1．読めても、書くことが難しい子は多い。話すことと異なり、文字（書記言語）は、人類最大の「発明」であり、技術だ。書くことを身につけるのは自然なことではない。それなのに小学1年生の夏休み明けまでに多くの子が五十音を書けるようになるのだから人間はすごい。

長く書くことが苦痛にならない持ち方で鉛筆（2BかB）を持ち、マスの中におさまるように丁寧に字を書けているか、見守ってほしい。特に、「ば、び、ぶ、べ、ぼ」などの濁点、「ぱ、ぴ、ぷ、ぺ、ぽ」などの半濁点、「きゃ、きゅ、きょ、しゃ、しゅ、しょ」などの拗音、「きっと、やっと」などの促音、「おかあさん、おにいさん」のような長音、「コーヒー」などの長音符につまずく子（特に男子）は多い。この時期の発達は分散が極めて大きいので、焦らず、諦めずにほどよい距離で見守り、手助けしてあげてほしい。叱りつけたりドリルをさせすぎると、勉強への苦手意識につながったり自己肯定感が下がるので気をつけたい。

2．「バッタがはねた」とか「カラスが電線にとまった」など、主語と動詞と目的語を使って見たことを短い文で説明できるとよい。リーディングスキルの最も基盤となる、係り受け解析につながるスキルだ。そして、それに形容詞や修飾節をつけられるようになっていくと中学年にスムーズに移行できる。家庭環境の差や、幼児期に（日本語を母語とした）多様な大人に触れているかで差が出やすい時期なので、第8章で紹介した「何がどうした?」遊びなどを通じて、文の基本構造を理解したり、語彙を増やしたりする機会を十分に与えたい。

3. 生活習慣が乱れていないか注意をする。睡眠や食事、排便がしっかりできていないと、特に集中力を必要とする作業（算数など）で脱落しやすい。朝の時間に眠そうにしていないか、小さなトラブルでパニックに陥りやすいことがないか、教員は様子を観察し、家庭と情報を共有する。

4. 小学生は高学年に至るまで、発達の分散が相当に大きい。最近は一人っ子家庭が多いので、標準以上に発達していないと、保護者は「自分の育て方に問題があったのでは?」とすぐに落ち込む。が、睡眠・食事・排便に気をつけていて、ネットやゲーム依存にさせず、十分に体を動かしていて、日々母語で話しかけているなら、親ができるのはそれくらいだと大らかに構えたほうがいい（しかも、幼児期には今さら戻れない。後悔しても意味がないので、前を向いたほうがいい）。この時期に上手に書けない子、落ち着かない子、他の子の身になって考えられない子、教師の指示を聞けない子は、ごくふつうにいる（我が家は夫も私もそうだった）。加えて、この時期の発達の早い・遅いは中学生以上の成績を左右しない。先生も、他の生徒に危害を加えない限りは、長い目で見てあげてほしい。ただし、それは放置することとは違う。定期的に働きかけて、発達の機会を見逃さずに適切な課題を与えることで、他の生徒との差を縮めてあげてほしい。これは手間がかかるように聞こえるかもしれないが、低学年・中学年で基本的なスキルの差を縮めておけば、高学年以上の指導が圧倒的に楽になる。

（小学校中学年）

1. 板書の分量を徐々に増やし、1時限に一度は3分くらい集中して板書を写す時間を設ける。発達が遅めで時間内に写せない生徒には最初は穴埋めプリントを渡す。「プリントが欲しい人はいますか？」とオープンに尋ね、必要とする生徒はそれを使ってよいこととする。書ける速度を確認し、徐々に卒業できるよう励ます。手間がかかるように聞こえるが、中学年でプリントから卒業してくれれば、小学校高学年以上を担当する教師はプリント作りそのものから解放される。
2. 国語以外の科目、特に理科や社会の教科書の音読をする。特に、「〜を……という」のような定義を表す文が出てきたら、必ず全員で復唱する。
3. 読書を奨励する。読書が苦手な生徒には、前の日に勉強した各教科書の箇所を読むことを勧める。

4．（気持ちや状況を共有していない）第三者に正確に伝わる表現を工夫できるようになることを目指す。低学年まで子どもは主観の中で生きているし、それが自然だ。彼らにとって、客観を身につけるのはハードルが高い。主観で自分が見たこと・したこと（例：「いつものところに置いた」）をそのまま文にしても背景知識や状況を共有していない第三者には伝わらない。20世紀には、登下校の時間に「昨日は何をして、どんなテレビ番組を見たか。何がどのように面白かったか」を話し合ったりする機会が豊富にあった。しかし、リアルタイムに情報を共有できるスマートフォンの普及によって、背景知識が異なる友達に、どうしても何かを説明しなければならない、という機会が激減した。リンクをシェアすれば済んでしまうからだ。授業時間に家から学校までの道のりを説明したり、物の名前を言わずに特徴を説明することでその物を当てるゲームをさせたりすることを通じて、客観的に説明する方法を身につけていきたい。家庭でも、日中の時間をあまり共有しない保護者（例：母親が主として育児を担っている家庭の父親）は自宅ではネットワークをオフにして、学校であったできごとに興味を持って子どもの話に耳を傾けてほしい。

5．生活科が理科と社会に分かれ、理科ならば日光や気象、植物や天体の観察を通じて、自然の仕組みについて学んでいく。社会ならば、自分の住んでいる町のことから、日本の地理や歴史へと広がっていく。産業についても学び始める。これが、「生活体験」というリアルな意味や具体例を、記号列として表現された「抽象概念」につないでいく上での基礎になる。この段階で、穴埋めプリントをさせすぎると、意味・具体から切り離した記号の暗記に陥りやすくなる。具体例を挙げさせたり、理由を口頭で説明させたりすることで、意味として知識を獲得しているか念入りに確認したい。

6．算数で筆算が始まる。注意力が十分でないと、7や9などを区別がつくように書いたり、桁を合わせたり、繰り上がりを正しい箇所に書いたりすることにつまずきやすい。算数が苦手なのではなく、集中力をコントロールすることが難しいだけなので、つまずくようなら最初は穴埋め式でさせ、できるようになったら徐々に「補助輪」を外していく。集中力をコントロールしたり、手順を確認したりすることが必要な遊び（例：プラモデル、編み物、ジェンガなど）を提案するのもよいかもしれない。

7．算数で割り算や分数が始まる。これは子どもが初めて出会う「相対」という概念だ。乳児でも、1個と2個の違いはわかる。6個のりんごを3人で分けると、1人2個ずつになる（等分除）、ということもほとんどの3年生はわかる。けれども、1ドル100円が1ドル90円になったら、円高だということは、大人でもわからない人は少なくない。

「1ドル100円のとき、90円は何ドルですか？」という相対的な考え方（包含除）は、自分を中心に世界を理解する絶対的な価値観の中で生活していた子どもにとって、極めてハードルが高い。言うならば、天動説から地動説に変わるようなものなので、混乱しても仕方がない。それまで算数の計算問題で満点を取っていたのに、突然70点以下を取る場合、「相対」につまずいていることが多いので注意して見てあげてほしい。

8．理科では「月の満ち欠け」で「相対」が登場する。月と太陽と地球の関係によって、月が欠けたり満ちたりする。相対を理解する上では、発達段階がそれを受け入れられるところに達しているかにかなり依存するので、一度でわからなくても、諦めずに日を置いて働きかけてほしい。動いている電車から別の電車を見ると、止まったり、後ろに下がったりしているように見えることがある。だが、やはり「相対的に」そのように見えるに過ぎない。このように子どもが納得しやすい「相対」に意識を向かせたり、手で動かせる模型などを使ったりして、機会あるごとに「相対」について繰り返し意識を向けさせる。

9．相対や抽象概念など、中学年では身の回りの生活体験だけからは容易に答えが出ないことに関して「論理だけで考えぬく力」を試される機会が増える。論理の運用も発達の差が出やすい部分だ。ドリルやテストでプレッシャーをかけ過ぎると、成績が良い生徒ほど暗記に走りがちになる。暗記で良い点を取ると、その成功体験を繰り返そうとし、論理的に考えること（リーディングスキルでは「推論」）から逃避する。この後、暗記以外の方法では学べなくなると、伸びしろが小さくなるので、注意が必要だ。

10．記述式で解答する場面が増えるので、科目ごとに答え合わせの仕方を日常的に指導する必要がある。（主観を書くような問題以外では）記述式の答え合わせとは、模範解答と同義の内容を書いているかどうかを判定し、同義でなければ同義になるように修正することである。リーディングスキルでは「同義文判定」に当たる。驚くべきことに、**ほとんどの学校で、記述式の答え合わせの仕方の指導をせずに生徒まかせにしている。**そのため、自分が書いた答えが模範解答と異なると、自分の答えを消しゴムで消して、模範解答を写す生徒が少なくない。それではいつまでたっても同義文判定の能力が上がらず、自学自習できるようにならない。隣の生徒同士、あるいは班で答え合わせをするグループ学習を導入するのも効果的だが、必ず、「消しゴムは使わず、赤で修正する」ことを徹底する。また、修正する際、「なぜ、これでは同義ではないか」を論理的に説明するよう指導する。

11．観察や実験、調理実習、社会科見学などで「見たこと・体験したこと」についてメモを取り、時系列で正確に文字や図、表やグラフを使ってレポートとして表現できるようにする。リーディングスキルでいうと「イメージ同定」に当たる部分だ。その際、主観的な表現（「〜が面白かった」「〜と思った」など）を制限するルールを設ける。スーパーサイエンスハイスクールの生徒や有名大学の理系学生でも、科学のレポートで「〜と思いました」を平気で連発することは珍しくない。まず小学校で「見たことを正確に文章にする」ことを指導することが大切だ。「見たことを正確に書くだけだと、全員同じ答えになり個性を発揮できないのでは？」と思う人は、人間の多様性をもっと信頼したほうがいい。ぜひ、第8章のオセロの授業で、6個のオセロの玉の並べ方を表現するだけで、どれだけ多様な表現が出るかを見てほしい。

12．図工で「見たとおりに描く」活動をしっかりと位置づける。正確に図を描かせると生徒間の差が出やすいこともあり、最近は各々描きたいことを描いたり、「春の予感」をテーマにインスタレーションをさせる、というような授業が増えている。が、中学年で目の前にある比較的単純な静物を描けるようにし、高学年に向けて、校内の様子（教室や廊下など。細かいところまで描かせると意外に難しい）や手や顔などを「見たとおりに」描けるようにしたい。

（小学校高学年）

1．高学年になると、徐々に発達の差が縮まってくる。一方、中学年までに生じた基礎的スキルの差を放置すると学力の差は広がる。①暗記やドリルに頼る、②自己肯定感が低く諦めやすい、③試行錯誤を怖がり他の人の作業を見てから作業を始める、④グループ活動で意見を言わない、ようならば注意が必要だろう。放課後補習、無料塾などの活用も検討する。

2．発達の差が縮まりつつある機会を捉えて、穴埋めプリント、ドリル類から徐々に卒業させ、板書をリアルタイムで写せるように指導する。

3．新聞を読むことを奨励する。いくつか新聞記事を用意し、興味のあるニュースを選ばせて読ませる。順番を決めてニュースを読み上げさせる。ニュースの要約を２００字程度、感想を２００字程度で書かせる宿題を出す。

4．前提条件を共有している他者に対して甘えや反抗が出始める時期。たとえば、「先生、紙」「あり得ないし」など、わざと説明を省いて相手（教員や保護者）を自分の要求どおりに動かそうとすることがある。きちんと説明すれば聞いてもらえるが、いい加減に説明すると聞いてもらえない（繰り返し説明させられる）ことを学ばせたい。学校全体のルールとして確立し、「あの先生は察してくれるのに、この先生は面倒くさい」と感じさせないことが重要。

5．算数や理科・社会で、専門用語とその定義（偶数、円周率、水溶液、山脈・平野など）が増えてくる。円周率が約3・14であることはほとんどの生徒が知っているが、それが「円周の長さと直径の比」（直径が1であるようなときの円周の長さ）であることを説明できる生徒は極めて少ない。定義を正確に理解し、それを運用できるようになる、ということは、「直径が2であるときの円周を求めなさい」という練習問題が解けるようになることとは、本質的に違う。新しい言葉を定義するときの、やり方を学校内、学年で統一しておき、定義が出てくるときには必ず「とは」を使って説明させることを繰り返す。確認テストでも、円周率とは何か、というような問題を必ず出す。前の単元の復習としても定義を問う問題を出して確認したい。

6．理科や家庭科で、手順どおりに作業をしたり、手順を説明したりする場面が増えてくる。「見たとおりに表現する」「時系列に書く」「客観的に表現する」ということが、中学年までにしっかり身についているかどうかが試される場面だ。手順を表すには、行頭数字をつけた箇条書きが有効だが、「どうやって箇条書きすればよいか」を指導している学校は極めて少ない。中学年では直観的に箇条書きを読ませたり、書かせたりしてもよいが、高学年になったら、箇条の区切り方が適切か、手順に漏れや重複がないか、時系列に並んでいるかなどを客観的にチェックし、修正できる能力をつけたい。

7．算数の文章題で抽象的な操作が出てくるようになる。特に相対に関する問題の図（テープ図）や図形の操作に関する問題の図を書けなくなると算数の教科書は読めていない可能性が高い。算数や理科の教科書の音読や、定義を口頭で説明させる、分数のあたりから概念構築のやり直しなど、十分に時間の余裕がある小学生のうちに手当をしてあげたい。

8．抽象概念が盛んに出てくるようになり、推論能力なしには一日の授業内容をその日のうちに理解することが難しくなる。濃尾平野や奥羽山脈など固有名詞は暗記する以外にはないが、日本列島の図を書いて、どのあたりに山脈があるかを認識させる。そこから、どの辺りはどのような理由でどんな気候になるか、どうして河川と平野ができるか、平野ができるとどのようなメリットがあるかなどを論理的に説明できるようになることが望ましい。

9．複数の段落から成る文章（この本ならば1節分）を読んで、その内容を２００字程度でまとめることができるようになることが望ましい。それには一段落あたり50字以下でまとめる必要がある。冗長な表現を修正したり、複雑な状況を端的に説明する語彙を獲得したりする必要が生じる。

10.「とても」「すごく」「〜と思った」「よかった」などの定型的な文体に逃げ込まないよう、制約をつけて表現を工夫させる。数量を用いたり、仮説を立てて、検証するような文章表現へとレベルアップさせる。

11.漢字・計算テストや単元テストは乗り切れても、学期末、学年末テストでの成績が振るわないようならば、暗記とドリルに頼りすぎている証拠だろう。上記のどこかのスキルが身についていない可能性が高い。一つずつチェックし、基礎的スキルを身につけ、準備ができた状態で中学校に進学してほしい。

これが、私が考える、小学校を卒業するまでに身につけておきたい基礎的・汎用的なスキルです。先にも書いたように、人間の最も優れているところは、意味を理解できることと、怠ける天才であることです。また、言葉と論理と数量のタネも生まれながらに備わっています。外界や身近な大人に高い関心を持つ幼児期から低学年の間に、それらを観察したり真似たりルールを教わったりする機会があれば、3年生くらいまでの学習内容はそれほど難しくありません。

しかし、4年生に入るころになると、学力に差が生じやすくなります。それは、主観から客観へ、絶対から相対へ、具体から抽象へとジャンプが必要になるためです。これらは日常生活ではなかなか身につかず、「言葉」と「論理」を通じて獲得する以外には、ありません。

ここで、ドリル・暗記型になるか、論理で考えられるかで、中学受験や中学入学後に、後から縮めることが難しい学力差が生じます。論理で考えるよりも暗記のほうが楽で成功しやすいことを覚えると、論理的に考えるように口頭で指導しても、必ず子どもは暗記に頼ります。重要なのは、小学生時代に「暗記すれば点が取れた」「論理的に考えるより、人の真似をしたほうが楽だった」という成功体験をなるべく積ませないことです。

リーディングスキルテスト（ＲＳＴ）では、同義文判定・推論・イメージ同定・具体例同定の４つの分野で、その部分の能力を測っています。暗記に頼って成績を維持していた６年生や中学１年生にとって、初めて出会う「挫折」になるでしょう。けれども、ＲＳＴをその段階で受検することで、早期に読みの偏り、特にキーワード検索的な読みから脱却し、意味を理解した上で、未知の世界の知識への渇望から学ぶ人になっていってほしいと思います。

ＩＴはどこで使うの？

ここまでお読みになって、少なからぬ読者が当惑しているのではないかと思います。まず、「ロボットは東大に入れるか」というＡＩプロジェクトを主導した「国立情報学研究所」の研究者なのに、ＩＴのことに何も触れていない。電子黒板とかデジタル教科書、あるいはＩＴと教育を融合させた「EdTech」の話も出てこない。どちらかというと、昭和の時代の学校教育のままでよいと言っているような気がする、と。

私は、電子黒板もデジタル教科書も小学校では無理に入れなくてよいと考えています。特にEdTechには反対です。なぜなら、ＡＩには生徒の「理解度」に応じて適切な「課題」を提案し、「教える」ことなど、無理だからです。そのように喧伝している企業やソフトウェアがあることはよく承知しています。けれども、それは「理解度」や「課題」や「教える」という言葉の誤用です。

正確に言えば、このようになります。ＡＩは生徒の間違え方に応じて、ドリルの問題や穴埋め問題を最適化することができます。ＡＩが自動採点できるのは、漢字ドリル・計算ドリルと知識の穴埋め課題だけで、文章題や証明問題は採点できません。また、「間違える＝理解できていない」としか判断し得ないので、間違えたら、それと似たレベルかそれより少し易しい問題を画面上に表示するか、間違えた箇所の解説文を提示するに過ぎません。ですが、画面に表示された解説文を正確に読めるようならば、そもそも「相対とは何かがわからないので分数につまずく」というような状況には陥っていません。相対や客観や抽象を理解できない生徒に、それが何を意味するかを、AIは教えられません。そもそもAIには主観も客観も絶対も相対も具体も抽象も何もなく、ただ、記号列の膨大なデータとその上での検索や統計があるだけだからです。

私が学校で検討したほうがよいと考えるITの活用方法は、極めて限られています。

1つ目は、高校の統計の授業での大規模データの分析です。私たちは、今、統計と確率を用いて何らかの最適化をするソフトウェアを従来型と区別して「AI」と呼んでいます。AI人材を育成するには、中学3年生で統計と確率を学んだ後の高校時代が最も効果的でしょう。しかも「最適化」を学ぶには微分を理解していなければなりません。それに、ベクトルや微積分を学ぶには、動画を使うほうが理解しやすいでしょう。高校ではすべての教室でプロジェクターが使えるようであってほしいです。生徒1人に1台ずつネットにつながったノートPCが活用でき、それに統計ソフトやグラフィックソフト、プレゼン用のソフトがインストールされているべきでしょう。

2つ目は、日本語が母語ではない生徒の支援のためのITです。今、母語が日本語でないが、国籍は日本という生徒が急増しています。彼らの保護者の多くが日本語を流ちょうに使いこなすことができません。そうすると、小学校あるいは中学校入学時点での日本語の語彙数が極端に少なかったり、助詞や助動詞の使い方がよくわからなかったりすることも多いのです。日本語以外の母語を持つ生徒に対しては、母語と日本語の両方を読み書きすることができるメンターが授業支援すると効果があります。ただし、その母語は英語、中国語、タガログ語、ポルトガル語、スワヒリ語など数えきれないほどあり、またそうした生徒がどこか1カ所に固まって生活しているわけでもありません。しかし、スカイプなどのツールを活用すれば、遠隔地からでもメンターが支援することができます。

3つ目は、2つ目と関連しますが、学校ホームページを完全に機械可読な形式にして、学校だより・給食だより・緊急連絡などを、ブラウザの機械翻訳機能を使って何語にでも翻訳できるようにし、日本語を読み書きできない保護者に確実に情報を伝えることです。来週はどのような行事があり、どのような持ち物を持ってくるか、給食にはどのようなアレルゲンが入っているかなどの情報を、これまで学校は「おたより」という形で紙に印刷して、生徒に持ち帰らせていました。しかし、それを各国語に翻訳するのは不可能でしょう。画像としてスキャンしてPDF化して学校ホームページに置いても、機械は理解できないので、機械可読な定型的な形式にして、学校ホームページで情報を提供するほうが、圧倒的に効率が良いのです。

4つ目は、黒板にプロジェクターで投影するKocriと呼ばれるツールです。小中学校では、地図や五線譜、「詩」など、教員が黒板に写すと非常に時間がかかるコンテンツが多くあります。それをまるでチョークで黒板に書いたように投影できるのがKocriです。電子黒板を教室に置くと邪魔ですし、倒れる危険があります。黒板の上に備え付けると、授業にとって最重要なツールである黒板が半分程度使えなくなってしまいます。その点、Kocriは場所を取りません。

これに加えて、すべての学校にパソコン教室があり、加えて、教室で活用したい場合にノートパソコンが1クラス分あれば、もうそれで十分でしょう。学校のパソコンはだいたい3年から5年のリース契約になっているので、そのタイミングで更新していけば、それ以上のＩＴ投資は不要でしょう。

実際、２０１０年から総務省が「フューチャースクール」と称して、1校あたり1億円以上を投入してＩＴを学校に導入する実証実験が行われました。しかし、それらの学校で学力が向上したという話をとんと聞きません。佐賀県では、公立高校入学時にすべての生徒にノートパソコンの購入を義務付けましたが、それによって佐賀県の進学実績が向上したとも聞きません。佐賀県の武雄市では、首長の判断で生徒1人1台パソコンを導入しましたが、トラブル続きで半年間まともに授業ができなかったと聞きます。2016年ごろ、ソフトバンク製のヒューマノイド、ペッパーくんが学校にやってきた、という話が繰り返しNHKのニュースで流れました（もちろん学校にはペッパーくんを置いておくだけの予算はないので、単にソフトバンクが無償提供したのでしょう）。しかし、今、学校現場にペッパーくんが残っているところは、ほぼありません。活用のしようがなかったこともありますが、子どもは定型的なロボットにすぐに飽きてしまうのです。

テクノロジーを否定するつもりは毛頭ありません。ですが、テクノロジーで解決できることと、できないことがあります。外国籍の保護者との面談で機械翻訳を活用することだって、20世紀には想像できなかったすごい科学の進歩です。そのように、派手な宣伝に踊らされることなく必要なところで、淡々と活用可能なテクノロジーと付き合っていくことをお勧めしたいです。

公立学校の復権が地方創生のカギ

とある記者にこんなことを言われました。

「先生の教育論は、スパルタで古臭くて記事になりにくいのですが……」

そういう了見の新聞社には、記事にしていただかなくて結構です。私は、今書いていることに自信があります。

かつて東京大学や京都大学などのトップ大学に、地方の公立高校から十数人規模で入学していました。各県には公立の名門校が必ずありました。私の一橋大学時代の同級生にも、洛北高校、山形東高校、宇部高校、仙台第一高校、福島高校、浜松西高校、前橋女子高校といった公立伝統校出身者が大勢いました。それが大学の多様性の源泉だったのです。加えて、そうした地方公立高校こそがノーベル賞受賞者のほとんどを輩出してきたのです。都内で「私立御三家」と呼ばれている開成、麻布、武蔵出身のノーベル賞受賞者は、いません。

しかし、今、旧帝大を含む国立トップ校における首都圏・近畿圏の高校、特に私立高校出身者の比率が上昇し続けています。そして、旧帝大に進む学生の保護者の年収が上昇しています。こう聞くと、多くの人が、「首都圏・近畿圏には大学受験に有利な塾が集中していて、地方の公立高校の進学指導では太刀打ちできないからに違いない」と思うでしょう。

しかし、それはおかしいです。なぜなら、大学入試、特に二次の記述式試験の数学の出来が悪化しているからです。特に、初めて見るタイプや問題設定の説明が長い問題は、落ち着いて読んで状況を理解すればそれほど難しくない問題でも、白紙答案率が高いのです。確実に部分点が取れる計算問題をまず解くように予備校や高校が指導しているのでしょう。

しかも、その計算問題でもつまずきます。単純な計算ミスが非常に多いのです。東大理科一類でも、6問ある問題のうち1問しか解けなくても、英語の点数がそれなりにあれば入学できてしまうことがあります。既に述べたように、いくつかの旧帝大では、証明問題、特に数学的帰納法の問題を出題できなくなりました。あまりに出来が悪く、スクリーニングの機能を果たさないからです。

いったい何が起きているのでしょう。基礎的・汎用的読解力があれば、自学自習することができます。言い換えれば、「進学をしたい」と願い、経済状態または奨学金がそれを許すならば、教科書と代表的な問題集と参考書、そして5年分の過去問題集だけを手に入れれば、予備校などに通わなくても旧帝大程度は入れるように学校教育は設計されているのです。

私自身、学習塾にも予備校にも通ったことがありません。東大、京大、一橋大といえども、結局のところ、日本の大学入試においては、教科書以外のところから入試問題が出題されることはありません。

教科書と最低限の副教材（地図帳、年表、問題集）を、きちんと読んで理解することができ、学習したコンテンツの全体像とディテールを破綻なく自分なりにはっきりとイメージすることができ、母語である国語の成り立ちを客観的に眺めることを通じて英語の文法の成り立ちを理解することができ、数学の定義を理解し、練習問題を易しいものから徐々に難しい問題へと根気よく解くことができ、自己採点の精度が高ければ、それだけで旧帝大クラスの大学には入学できるはずなのです。

実際、「教育のための科学研究所」の理事の多くが、そのようにして旧帝大クラスに入学した地方公立高校出身者から構成されています。そして、地方の公立高校の復活を願っています。なぜなら、それが日本社会にとって「健全」なことだと信じているからです。

地方の公立一番校が没落したのは、学びの基礎的・汎用的スキル、つまり自学自習する能力が日本全国で低下したとき、学習塾や家庭教師に十年間資金をつぎ込むことが可能で、都会の私学に通わせることができる層に敗北したのだと私は確信しています。

そして、それは日本という国の未来のためになりません。私たちは少子化と地方の衰退、人手不足と格差の拡大というかつて経験をしたことのない状況に直面しています。その課題解決には「多様な人材」が必要です。実際に地方の衰退に直面し、格差をその目で見て育ち、その痛みを問題解決につなげることができる人材が、霞が関にも永田町にも、そして地方創生にも必要です。

親の年収が1500万円を超え、「就学援助」とか「無母語児」に接したことがなく、最も近いコンビニまで10キロ以上あり、過疎のため鉄道が廃止された地域などは見たことも聞いたこともないようなエリート集団に、この国の複雑な課題を解決できる気がしません。「パンが食べられないならお菓子を食べればいいのに」と言ったマリー・アントワネットには、当時のフランスが統治できなかったように。

給付型奨学金制度が確立し、そして子どもが安心して生活できる環境が保証され、「自学自習することができる基礎的・汎用的読解力」さえ中学卒業までに身につければ、あとはまさに生徒一人ひとりの自由意思で進路を決めることができます。それこそが達成されるべき、フェアで民主的な教育です。

フェアで民主的な教育が確立されれば、どの地方にも一定の割合で、旧帝大クラスを目指す勉強好きな生徒が出るでしょう。結果として、彼らの多くが都会に留まるかもしれません。しかし、彼らは地方の課題を解決するソリューションを提案してくれるかもしれないし、一部は地元に帰り地方創生を担う人材になってくれるでしょう。

一方で、私は生徒全員に旧帝大クラスの大学を目指してほしいとも思いません。中学時代は思春期と重なります。部活も盛んになります。勉強よりも友達づきあいや恋愛やファッションのほうに興味があったり、サッカーやプログラミングに熱中しすぎたりすることもあるでしょう。それでよいと思います。

私が長年、髪を切ってもらっている美容師は、高卒ですが、明らかに「自学自習することができる基礎的・汎用的読解力」を身につけています。客の望みを自然に聞き出し、それを咀嚼することで、オンリーワンなサービスを提供することができます。好奇心が旺盛で、ＡＩがもたらす社会変化についていろいろと知りたがります。その話題に出てきた抽象概念と、自分が最近関心を持っている具体的な体験を的確に結びつけて理解し、面白がることができます。同僚と話す以上に知的で対等な時間を過ごすことができ、気兼ねする必要がありません。そして、いつもベストなスタイルに仕上げてくれます。

もし、彼が望んだなら、有名大学に進むことができただろうと思います。しかし、彼は美容師になり、自分の店を持つことを望み、そして成功しています。それこそが、社会にとって望ましい多様性ではないでしょうか。霞が関にも大企業にも就職せず、彼が美容師になってくれたことに、いつも心から感謝しています。

第10章 大人の読解力は上がらないのか？

本書の読者の多くは大人でしょう。本書第3章のテストの結果に打ちひしがれ、「もう若くはない自分の読解力は頭打ちなのではないか」と不安に感じている方もいるかもしれません。

悲観する必要はありません。大人になっても読解力は上がります。

むしろ、「絶対に読解力を上げないといけない」というインセンティブを持つ大人のほうが上がる可能性があると私は考えています。ただし、長年、「キーワードピッキング」やスマートフォンの「スワイプ読み」に慣れきってしまっている脳を、一行一行しっかりと読むようにトレーニングするのは想像以上に苦痛でしょう。それは、本書のテストのたった28問の問題を解くのにどれくらい疲れたかを思い出せば、わかります。人によっては毎日50回腹筋運動をする、と決意しそれを守る以上につらいことかもしれません。

けれども、読解力が上がると、生産性が向上します。がむしゃらにこなしている仕事のやり方も変わり、自己肯定感も高まります。ＡＩに仕事を奪われることを恐れる必要もなくなります（今の仕事を奪われても、高い読解力を持つ人材は引く手あまたなので転職すればよいだけです）。それほどメリットが大きいのですから、読解力向上に投資する価値は十分あるでしょう。

「読解力を向上させる」と銘打った塾やセミナーはいろいろとあります。たぶん、読解力に自信がある講師が「こうすれば読解力が上がるはず」という講習をしているのだろうと思います。けれども、読解力が高い人は、物心ついたときにはすでに読解力が高いので、「読めない状態」がどういうものか、実はよくわかっていません。どうしてそうなっているかもわかりません。加えて、「なぜ自分は読めるのか」という理由もわからないのです。

一方、読解力が低い人は、「読めるという状態がどういう状態なのか」をまだ知りません。ということは、読解力向上セミナーは、「読めない状態がどういう状態かわからない」講師が、「読める状態がどのような状態かわからない」受講生に対して、「どうすれば読めるようになるのか」の明確な記憶がないままに、行われることになります。だから効果がないのです。

私自身も告白しなければなりません。リーディングスキルテスト（ＲＳＴ）を開発するまで、広島市立大学、一橋大学、国際基督教大学そして国立情報学研究所で講義や指導を受け持った学生の読解力を効果的に上げることに失敗し続けたのです。様々な工夫をしたつもりでした。しかし、ＲＳＴを開発したときに、私は25年を超える自分の指導スタイルはなんだったのだろうと反省させられることになりました。

なぜなら、手塩にかけて指導して博士号を取得させた菅原真悟氏が、ＲＳＴを受検し、プロジェクトに参加して1年未満のうちに信じられないくらいに読解力と論理的に書く力が向上したのです。前著では氏の名前は伏せました。しかし、「もし自分の経験が他の人のプラスになれば」と彼が名前を出して自分の経験を書くことを承諾してくれたのです。

菅原氏の体験談：大人が読解力を身につけるために

（1）RSTとの出会い

まず、私がRSTにかかわることになったいきさつについて触れておきたいと思う。

博士課程を修了し数年経ったある日、別の用事で新井先生の研究室を訪れたときに、先生から「新しいプロジェクトを始めようと思っているの」と、当時まだ設計途中だったRSTのサンプル問題を見せていただく機会に恵まれた。

当時は、現在とは少し仕様が異なる点があるが、私が解いた問題は同義文判定問題に近い仕様の問題であった。実は、今だから告白できるのだが、その時提示された問題のすべてを解くことができなかったのだ。どうして、この短い2文の意味が同義か否かを自分は判定することができないのだろうと疑問に思うとともに、ここに私がこれまで読み・書きを苦手としてきた問題の本質があるのだろうと直感した。

当時、作問メンバーが不足していたこともあり、私もスタート直後のRSTプロジェクトにかかわることになった。とはいえ、自分には問題が解けなかったことを言い出せないまま……。

プロジェクトに参加すると、研究チーム内では、どのような問題の正答率が低いのか、解けない人がなぜ間違えるのかといったことが日常的に話題となっていた。しかし、そのころの私はアミラーゼ問題がまったく解けず、これは係り受けの問題ですか？　というコメントが今でもファイルに残っている。さらに、Alex問題にいたっては「女性」と誤答し、正答が「Alex」だとわかると、なぜAlex？　と疑問に思って問題を見直した。確かに、選択肢から該当しないものを削除していくと、Alexしか残らないのだが、読めない私には納得するには至らなかった。とはいえ、研究チーム内で解けなかった人は私だけだったこともあり、自分から解けませんでしたと言うこともできず、悔しい思いをしていた。

(2)作問・レビューを担当した結果

最初はRSTで出題する問題を作ることが私の役割であったが、程なくして問題のレビューも任されることになった。これも、私に読解力があるからという理由ではなく、レビューはいろいろな観点で行ったほうがよいが、たまたま研究チームの人数が少なく、かつ当時の私には比較的時間に余裕があったというのが、その理由だと思う。そこからは、RSTの作問と並行して、他の人が作った問題のレビューも行うようになった。

そのような生活を始めて半年くらい経ったある日、地下鉄の中でメールをチェックしていると、先生から「ものすごく日本語が上達しましたね」と書かれたメールが届いた。以前は、思いついたところから書き始めて、論旨がよくわからないメールや論文を書いていたが、半年で劇的に改善したというのだ。「またまた〜、いくら日本語がひどかったといっても、そこまでひどくはなかったでしょ（笑）」と思いながら過去のメールを検索した。すると、出るわ出るわ、何が言いたいのかよくわからないメールや論文（というに値しない文章）の数々。昔はこんな意味が通じない文を書いていたのかという悔しさと、申し訳ない気持ちと、うれしさとがごちゃごちゃに交じり合って、自然と目が涙でいっぱいになってしまった。

(3) どのように読解力を鍛えたか：作問・レビューを担当して

それでは、どのようなことが読解力を向上させるきっかけになったのか、いつ読解力が向上したのか、実は、それがさっぱりわからないのだが、今思うと一つのきっかけが思い当たるので、そのことを述べたいと思う。

まず、当時の私は、エクセルシートに載っている問題をひたすら解いて、きちんと解けるかを確認するという手法でレビューを行っていた。最初に手をつけたのは、文章の構造を正しく解析できるかを測る係り受け解析問題。これをひたすら解く。問題数も多いからスピードを上げて解いていく。

すると、どうしても正答率が8割台で頭打ちしてしまうことが分かってきた。もちろん、中には正答選択肢が不適切な問題もあった。しかし、それらを差し引いても、普通に読んで解けない問題が少なくないことに気づいた。係り受け解析は読解の基礎基本なので、ここがきちんとできないという結果はショッキングなことだった。

なぜ、自分は誤選択肢を選んでしまうのだろう。もしかしたら問題が間違っているのではないかと淡い期待を持ちつつ、その理由を分析した。すると、問題が間違っているのではなく、そもそも私自身が文の構造を正しく理解しながら読むことができていないことに気づいた。

いつの間にか、一語一語の関係を正しく解析しながら読むのではなく、単語を眺めて適当に読み進めるといった誤った読み方が定着してしまっていたのだ。特に、急いで問題を解こうとすると、無意識のうちにすでに自分が獲得している知識から回答しようとしていることに気づいた。意味がわからない文が出てくると、そこは読み飛ばして、空欄にあてはまるのはこれだろうと選択肢から正答を選ぼうとすることもあった。係り受け解析の問題がこうだったので、当然ほかの問題タイプの正答率はそれを大きく下回った。

このままではよくないと考えを改め、それまではエクセルシート上で行っていたレビュー作業をやめ、1問ずつ印刷し、提示された文章をていねいに読み、そこに出てくる単語や助詞の働きについて正確に吟味し、わからないところは辞書を調べながらレビューを行うことにした。

RSTを受検するときには、多くの受検者は1問あたり1分もかけずに解答することになる。しかし、レビュー担当者は、1問に何時間も費やすこともある。非効率なやり方ではないかと思いつつも、1問1問、未知語があれば辞書で調べ、教科書に書かれていないような科学的事実も確認しながらレビューをするようになった。作問担当者に差し戻す際には、どこが良くないのかを正しく伝わるような文章にしてフィードバックするように心がけた。

「あまり良い問題とはいえないので作り直してください」というようなあいまいなフィードバックでは、作問担当者は問題を直すこともできないし、作問へのモチベーション低下にもつながる。フィードバックに納得してもらった上で、問題を修正してもらわないといけない。

さらに、RSTの問題は3人でレビューを回す体制になっているため、私が中途半端にOKを出してしまうと、2次・3次レビュー担当者に負担をかけることにもなってしまう。逆に、瑕疵がない問題を問題ありとしてフィードバックしてしまうと、RST問題群全体の質を下げることにもなる。

文が読めず、書けない人がそんなハードなミッションを課せられたら、ふつうなら逃げ出してしまいそうになるところだろう。そこを逃げずに立ち向かえたのは、おそらく私の数少ない取り柄である、何事もコツコツと地道に続けることができる性格のおかげかもしれない。そんなわけで、私は半年ほどレビュー作業をもくもくと続けていった。そのことが、結果として読解力向上の糸口になったのだと思う。

読めるようになることは、どのような文を書くと相手に正確に伝わるかがわかることにつながる。読解力を向上させたことで、的確に文を書けるようになっていったのだと思う。

そうした中、先ほど述べた先生からのメールを受け取ったわけだが、いくら考えてもレビュー作業を丁寧にやったという以外に、自分の読む力や書く力が向上した理由が思い当たらない。読解力に関係する書籍を読んだり、セミナーに参加したりしたわけでもない。

「RSTの問題をレビューする」という仕事は誰もが経験できるわけではないし、私に起こったことに普遍性があるとは断言できない。ただ、読解力を向上させる魔法のような処方箋はなく、普段の生活の中で、ゆっくりでも正確に意味を理解しようと心がけることがまず第一歩になるということだけは自信をもってお勧めしたい。

(4) ゆっくりでも正確に読むことの大切さ

RSTでは、速く読むことよりも、正確に読むことを重視している。実は、当初私は、正確に読むよりも速く読めたほうがよいのではないのかと思い込んでいた。その過ちに気づけたのは、先ほど述べたようにレビュー担当者になったときである。早く読もうとするあまり不正確な読みをしてしまうと、書かれていることを正しく理解することができないばかりか、誤った知識を獲得してしまう危険性もある。

おもしろいデータがある。RSTのこれまでの調査結果から、中学生は学年が上がると全体的に正答率が上昇することが知られている。一方、正答率が上昇しても解答数はそれほど増えないのだ。読める生徒は決して速く読んでたくさん解答するとは限らないのである。

普段新聞を読んだり、マニュアルや契約書を読んだりするときのことを想像してみてほしい。急いで文を読もうとすればするほど、キーワードになりそうな語句を拾い読みしてしまうことは誰もが体験していることだろう。読むスピードを上げつつ、正確に意味をとらえることはとても難しいのだ。

（5）読めることで仕事の幅が広がる

大人が読解力を向上させることは、生活にどのような変化をもたらすのであろうか。私自身は仕事の質が向上したと感じている。どのように変わったか3つ例を挙げたいと思う。

まず1つ目に、文を書くスピードが劇的に向上した。博士課程のときは、なかなか文章が書けず、大学院生室に泊り込んで徹夜で作業をすることが多くあった。今思い返すとたいした内容や分量でもないにもかかわらず、膨大な時間を費やすことで乗り切っていたのである。今は、自分が伝えたいと思っていることをそのまま文章にすることができるので、無駄な残業をすることなく、気持ちよく仕事ができるようになった。

2つ目は、仕事の幅が広がったことである。たとえば、弁護士の先生とマニュアルや契約書を一緒に作成する、RSTのシステムの仕様を策定する、これまで扱ってこなかった言語で書かれたプログラムを検証する、自分の専門とは異なる分野を専門とする研究者と共同研究をスタートするなど、数年前には考えられなかった範囲の仕事ができるようになった。それができるようになったのも、読解力を身につけたことで、馴染みのない分野の文章であっても正確に意味を読み取れるようになったことによるのだろう。

3つ目は、発表をする際の心理的なハードルが下がったことである。私はもともと、人前で発表するのを苦手としていた。しかし、読めるようになったことで、どのような文なら相手に伝わるのかがわかるようになった。どのような文なら相手に伝わるかがわかれば、どのように話をすればよいかがわかることにつながるのだと思う。読解力を身につけることはプレゼンテーションの質を向上させることにもつながると思う。

RSTを受検するとその結果にばかり目がいってしまい、問題が解けた／解けなかったに一喜一憂し、さらにはあの人より成績が良かった／良くなかったと比較してしまう人が多い。他の人と比較をしたい気持ちもわからなくもないが、RSTはあくまで診断をするために開発されたテストでしかない。その結果を受け止め、正確な読みを心がけようと気づくことが本当のスタートなのだと思う。

◆

菅原さんを指導していたころを振り返ってみます。当時、私が指導していた学生は彼一人だったので、集中して指導することができました。論文を一緒に読み、その内容について議論し、論文のアイデアを出させ、論文としてどう仕立てるかを議論し、関連研究の探し方を指導し、そして論文の共著者にもなりました。

そうやって5年間、アクティブに指導してきたはずなのに、私は、彼に「読む・書く・

発表する」力を十分につけてあげられなかったのです。何がいけなかったのだろう。考えていくうちにふと気づきました。私は、彼がどうして「うまく読めないのか、うまく発表できないのか」の原因を取り除くことを考えずに、自分の「読む・書く・発表する」を彼に開陳して、感心させていたに過ぎなかったのではないかと。

彼は大変真面目で努力家で素直な人柄で、一緒に読んだ論文について、彼が発表した後、「私はこういうところに着目して読んだ」ということを伝えると、毎回「ああ、なるほど」と心から感心してくれました。そのことが正直嬉しかったのです。伝わった、と思いましたし、次は彼がもっと巧みに論文を読めるようになるだろうと期待しました。だが、なかなかそうはなりませんでした。彼の読解力を正確に把握することなく、自説に彼が感心してくれることを、議論をした、共感しあえた、と勝手に解釈していたのです。それは自己満足に過ぎません。

ただ、どうでしょうか。世の中の「授業」や「講義」は、それが「アクティブラーニング」と銘打っていても、圧倒的にそういうものではないでしょうか。そんなことをする前に、学生の読解力を診断した上で、レベルにあったテキストを題材にして、一語一語しっかりと読むトレーニングに最初の半年を費やすべきだ、と私は考えるようになりました。

昨年から、彼は私の研究センターの特任研究員としても勤めています。今の彼には、話すと確実に伝わることを実感することができます。なぜなら、彼に「1」を伝えると、論文、仕様書、設計書が「10」の質で出力されるからです。

菅原さんの講演や解説は、教育委員会で大変人気があります。彼自身がRSTを通じて30代後半にして飛躍的に読解力が上がったというエビデンスがあるので、説得力があるし希望が持てるからでしょう。今はベンチャー企業のCTOに就任し、2年前の彼ならば、決して書けないはずの質と量の文書を日々書き、責任ある立場でクリエイティブな仕事をしています。読解力が彼をハッピーにしたといっても過言ではないでしょう。

菅原さんの経験を紹介するうちに、「実は自分にも覚えがある」という人が何人も出てきました。ある高校生は「中学3年のときに、教科書をノートに要約する、ということを毎日やったら、偏差値が10上がった」という経験を教えてくれました。全員が高校入試に向かっている中で、偏差値を10上げるのは大変なことです。遠回りのようで、彼は自分に合った読解力を上げる方法を身につけたのでしょう。

ある東大生はこんなことを言いました。「現役のとき、東大の世界史の問題文を読んで、何が書いてあるかさっぱりわからず、頭が真っ白になりました。不合格でした。浪人時代に、東大世界史の問題のコピーを貼り、その文章が何を問うているのかを分析するノートを作ったら、どんどん『ああ、こういうことを聞いているんだな』とわかるようになっていき、世界史だけでなく他の文章も読めるようになりました。無理に現役で入学せずに浪人してよかったです。おかげで入学後の授業にはついていけています」と語ってくれました。

ただ、菅原さんと2人で「これだけは惜しかった」と悔しがることが一つだけあります。それは、彼が2年前になぜ「Alex問題」を間違えたのか、どうやっても思い出すことができないのです。もしも「このように読む癖がついていたので、（誤答である）『女性』を選んでしまった」ということを覚えていたなら、認知科学の大論文が書けるに違いないのに……。

今も「Alex問題につまずいた」という人を見かけると見境なく「なぜ間違えたか思い出せますか？」と聞いて回っています。「読み飛ばしたかもしれない」とか「うっかりしたんだと思う」とか「空見した」とか、だいたい要領を得ないことが多いです。なぜ間違えたかを言語化できるようならば、そもそもこの問題で間違ったりはしないのでしょう。

人間の脳は不思議で、あることができるようになると、できなかったときになぜできなかったかを正確に思い出すことができません。たとえば、自転車に乗れた後、なぜかつて乗れなかったのか思い出せません。泳げるようになった後、どうしてかつて水に浮かぶことができなかったのか思い出せません。けれども、それらは、動画などを撮ることによって「こういう状態だと転ぶ（泳げない）」ということを解析することができます。しかし、「なぜ読めなかったか」「なぜ読めるようになったのか」は、脳の中で起こっていることなので、クリアに解析することは難しいのです。ＲＳＴを受検しているときの視線の動きや、脳との関係も調べてはいますが、本人が何をどう感じて、どういうタイミングで読めるようになるかを科学的に解明するには、まだ時間がかかりそうです。

おわりに

前著『ＡＩ vs. 教科書が読めない子どもたち』は、多くの読者の皆様に支えられ、情報分野の「大川出版賞」、社会科学分野の「石橋湛山賞」「山本七平賞」、ビジネス書部門の「ビジネス書大賞」など様々な分野から賞を頂戴しました。ご報告するとともに、改めて御礼申し上げます。

さて、前著の印税により、一般社団法人「教育のための科学研究所」は第６章でご紹介した「視力検査」のような仕組みで、短時間に正確に読解能力値を測るＲＳＴ有償版の開発に成功し、２０１８年からＲＳＴを広く提供できるようになりました。

この本の印税で次に「教育のための科学研究所」が何をしたいか。それは、日本全国の幼稚園・保育園・小学校・中学校・高等学校のホームページを無償で提供することです。

私は、２００５年から教育機関向けのグループウェアであるNetCommons（ネットコモンズ）をオープンソースで提供してきました。開発コンセプトは「小学校のパソコン操作に自信のない教員でも簡単にそして安全に情報発信ができる学校ホームページソフトを提供する」こと。ネットコモンズを使えば、業者に頼まなくても、またパソコンが得意な先生が頑張らなくても、ブログやツイッターで発信する手軽さで、学校ホームページを更新することができます。ただし、学校が公式に情報を発信するのですから、教頭先生や校長先生が内容に目を通して決裁する必要があるでしょう。そのための「ワークフロー機能」もちゃんとついています。

ネットコモンズは無償なので、どちらかというと財政的に余裕のない県――鳥取県、北海道、岩手県など――から導入が進みました。そういう中で、２０１１年、東日本大震災が起こりました。被災県はどこもネットコモンズのユーザでした。福島県の教育センターには、震災直前に導入されたばかりでした。ネットで福島県、岩手県の教育センターのホームページにアクセスしてもつながらない……。クラウド上ではなく自治体内にサーバを持っていたために、サーバごと倒れたのだなと直感しました。

一方、クラウド上でネットコモンズを利用していた学校は、地震直後から避難所閉鎖まで学校ホームページから次々と情報を発信し続けました。まず、帰宅させた生徒にネットコモンズを通じて「安全に帰宅できたか、家の被災状況はどうか」を連絡させました。それによってその日のうちに生徒全員の無事帰宅を確認できました。そうでなければ停電により街灯が消え、マンホールが1・5メートルの高さまでせり上がった道を通って、生徒一人ひとりの安否を教員は確認しなければならなかったはずです。

やがて岩手県と福島県の教育センターのネットコモンズは復旧しました。2011年、大津波に続く福島第一原発事故という状況下でも、福島県は教員に対して「免許更新研修」をせざるを得ませんでした。教員免許更新研修廃止を掲げて政権をとった民主党を信じて、免許更新を延ばしていた教員が相当数いたのです。福島県の教育センターはネットコモンズの動画配信、小テスト、レポート提出などの機能を使って、福島市の教育センターまで研修に来ることができない先生方にネットで研修を提供し、教員免許を守りきりました。

一方の文部科学省は、実は各学校の基本情報、たとえば、学校名、住所、電話番号、生徒数、教員数、ホームページアドレス、緊急連絡用メールアドレス、耐震工事が済んでいるかどうかなどの情報を検索可能な形で把握していませんでした。毎年学校基本調査をしているにもかかわらず、それらの情報をマクロの統計情報としてしか持っていなかったり、複数の異なる課が紙で管理していたのです。それでは、どの学校に被害が及んでいるか、という予想すら迅速に立てることはできません。一体どうやって被災地に連絡をするつもりだったか、というと、文部科学省から各県の教育委員会にFAXなどで連絡をし、受け取った県の教育委員会が、市町村の教育委員会に転送し、それをまた学校に転送する、というバケツリレーを想定していたのでした。当然、そんなものは機能しませんでした。

このことを目の当たりにした私は、腹が立ってしかたがありませんでした。デジタライゼーション時代に、1年に1度収集する、アンケート調査やマクロ情報くらい役に立たないものはありません。重要なのは、リアルタイムでミクロデータが集約される仕組みを構築し、緊急時に備えることです。

私は、2012年から、学校のホームページは安全なクラウド上に移し、学校基本情報や緊急情報などを機械が理解できる形で集約すべきだ、とあらゆる機会に説いてきました。小中学校はどんなに小さな市町村にも必ずあります。小中学校の情報を把握すれば、どの地域でどんな危機が発生しているか、リアルタイムでわかるはずです。そして、学校の多くが緊急時の避難先に指定されているのです。

もちろん文部科学省には真っ先にお願いに行きました。けれども、学校ホームページは自治体の管轄なので、省としてはできないとのことでした。加えて、学校が避難所に指定されたときには、文科省の管轄外になるともいわれました。総務省にも国交省にも内閣府にも頼みました。でも、どこの省にも「必要なことだし、大変良いことだけれども、うちでは引き受けられない」と言われました。

その間にも熊本や北海道で地震が起きました。豪雨による土砂災害も毎年のように起こりました。南海・東南海地震の可能性も高まっています。

もう待つことはできません。

そこで、「教育のための科学研究所」では、まずは国公立・私立の区別なく、すべての幼稚園・保育園・小中学校・高等学校に対して、基本的なホームページを無償で提供するプラットフォーム「edumap」を2020年春に向けて準備することに決めました。好きなだけ使ってくださいと言えるほどお金はないので、1機関5ギガまで。それ以上は実費を頂きます。

edumapでは、近い将来、給食だよりや学校の行事予定やその週の持ち物などを、機械が処理できる形で発信できるツールも提供する予定です。そうすれば、多様なルーツをもつ生徒が通ってきても、保護者は自分の母語に機械翻訳して給食だよりや学校だよりを読むことができるでしょう。保護者が日本語で書かれた給食だよりを理解できなかったために、児童が誤ってアレルゲンを摂取するような事故を未然に防ぐことができるはずです。

この本の印税は、すべて、edumapの構築とメンテナンスに充てます。万が一のときに、日本の津々浦々にある学校に通う子どもと、そこに避難している人々のSOSを必ず受け止めて伝え続ける覚悟です。

以下のどれかに該当する自治体や学校は、ぜひedumapに学校ホームページを移すことをご検討ください。

1. 自治体内にサーバを設置している。

地震や大規模停電のように最も情報を伝えたいときに、そのホームページは何の役にも立ちません。自治体全体が被災するからです。

2. サーバのメンテナンスに教育委員会がお金を払っている。しかし、OSなどのメンテナンスが長期間行われていない。

学校のホームページはセキュリティレベルが低く、攻撃の対象になりやすいものが多いです。必要なセキュリティ対策をする予算的な余裕がないなら、edumapに移動してください。

3. 情報の更新が1カ月に1回以下である。

情報更新をするのが大変だから更新できないのでしょう。ネットコモンズを導入している学校の多くが、毎日気軽に情報を更新しています。日々更新して使い慣れてこそ、まさかのときにもすぐにホームページを情報発信のために活用できるのです。

4. 学校内の特定のパソコンからしか学校ホームページの内容の更新ができない。

学校内のパソコンが緊急時に使えるとは限りません。これも「まさかのとき」には役に立たないホームページです。

5. パソコンからでないと読みづらい学校ホームページである。

小中学生の保護者にとってパソコンよりもスマートフォンのほうが圧倒的に身近です。パソコンのない家も増えています。スマートフォンでもパソコンと同じ情報が得られる学校ホームページにすべきです。

6. 保護者への情報伝達は紙のおたよりと、日本語でのメール配信か電話連絡である。紙のおたより類をスキャンして、PDFファイルにして学校ホームページにアップしている。

日本以外にバックグラウンドをもつ児童生徒の数は、少しのきっかけで急に増えるものです。しかも、ルーツが英語圏とは限りません。地方自治体の予算が縮小する中、学校のすべてのおたより類を人の手で多言語翻訳するなど不可能です。こういうときこそ、AIを頼ってください。ただし、ホームページが「機械が理解できるようなフォーマット」で記述されている必要があります。スキャン画像をPDF化したようなファイルでは、「どこに文字が書いてあるか」さえ、AIはよくわかりません。

もし、あなたのお子さんが通う学校が、まだ機械可読でない古いホームページを、しかも有償でメンテナンスしているなら、どうかedumapがあるということを、伝えてください。そのことで、教員の多忙感が軽減され、「読解力向上」のような教員が本来するべき仕事に集中することができる日が早く来ることを願っています。

【著者紹介】

新井紀子（あらい　のりこ）

国立情報学研究所教授、同社会共有知研究センター長。

一般社団法人「教育のための科学研究所」代表理事・所長。

東京都出身。一橋大学法学部およびイリノイ大学数学科卒業、イリノイ大学５年一貫制大学院を経て、東京工業大学より博士（理学）を取得。専門は数理論理学。2011年より人工知能プロジェクト「ロボットは東大に入れるか」プロジェクトディレクタを務める。2016年より読解力を診断する「リーディングスキルテスト」の研究開発を主導。

主著に『数学は言葉』（東京図書）、『コンピュータが仕事を奪う』（日本経済新聞出版社）、『ロボットは東大に入れるか』（新曜社）などがある。特に、2018年に出版した『AI vs. 教科書が読めない子どもたち』（東洋経済新報社）では、大川出版賞、石橋湛山賞、山本七平賞、日本エッセイスト・クラブ賞、ビジネス書大賞などを受賞した。

AIに負けない子どもを育てる

2019年9月19日発行

著　者――新井紀子
発行者――駒橋憲一
発行所――東洋経済新報社
〒103-8345　東京都中央区日本橋本石町 1-2-1
電話＝東洋経済コールセンター　03(5605)7021
https://toyokeizai.net/

カバーデザイン……橋爪朋世
ＤＴＰ……………アイランドコレクション
印　刷……………ベクトル印刷
製　本……………ナショナル製本
編集協力…………岩本宣明
プロモーション……山中美紀
編集担当…………矢作知子
©2019 Arai Noriko
Printed in Japan　ISBN 978-4-492-76250-9

本書のコピー、スキャン、デジタル化等の無断複製は、著作権法上での例外である私的利用を除き禁じられています。本書を代行業者等の第三者に依頼してコピー、スキャンやデジタル化することは、たとえ個人や家庭内での利用であっても一切認められておりません。

落丁・乱丁本はお取替えいたします。

解答用紙

	Q1	Q2	Q3	Q4
答え				
配点	1点	2点	3点	4点
点数	点	点	点	点

係り受け解析
点

	Q5	Q6	Q7	Q8
答え				
配点	1点	2点	3点	4点
点数	点	点	点	点

照応解決
点

	Q9	Q10	Q11	Q12
答え				
配点	1点	2点	3点	4点
点数	点	点	点	点

同義文判定
点

	Q13	Q14	Q15	Q16
答え				
配点	1点	2点	3点	4点
点数	点	点	点	点

推論
点

キリトリ線

	Q17	Q18	Q19	Q20
答え				
配点	1点	2点	3点	4点
点数	点	点	点	点

イメージ同定
点

	Q21	Q22	Q23	Q24
答え				
配点	1点	2点	3点	4点
点数	点	点	点	点

具体例同定（辞書）
点

	Q25	Q26	Q27	Q28
答え				
配点	1点	2点	3点	4点
点数	点	点	点	点

具体例同定（理数）
点

キリトリ線